CIVIL WAR
VENDETTA

SCÉNARIO
MARC GUGGENHEIM (Wolverine 42 à 48 et Civil War: Choosing Sides 1)
ROBERT KIRKMAN (Civil War: Choosing Sides 1)
ED BRUBAKER (Civil War: Choosing Sides 1)
MATT FRACTION (Civil War: Choosing Sides 1)
MICHAEL AVON OEMING (Civil War: Choosing Sides 1)
TY TEMPLETON (Civil War: Choosing Sides 1)
JIM McCANN (Civil War: Choosing Sides 1)
PAUL JENKINS (Civil War: The Return 1)

DESSIN
HUMBERTO RAMOS (Wolverine 42 à 48)
LEINIL FRANCIS YU (Civil War: Choosing Sides 1)
PHIL HESTER (Civil War: Choosing Sides 1)
DAVID AJA (Civil War: Choosing Sides 1)
SCOTT KOLINS (Civil War: Choosing Sides 1)
ROGER LANGRIDGE (Civil War: Choosing Sides 1)
TOM RANEY (Civil War: The Return 1)

ENCRAGE
CARLOS CUEVAS (Wolverine 42 à 48)
ANDE PARKS (Civil War: Choosing Sides 1)
SCOTT HANNA (Civil War: The Return 1)

COULEURS
EDGAR DELGADO (Wolverine 42 à 48)
DAVE McCAIG (Civil War: Choosing Sides 1)
BILL CRABTREE (Civil War: Choosing Sides 1)
MATT HOLLINGSWORTH (Civil War: Choosing Sides 1)
BRIAN REBER (Civil War: Choosing Sides 1)
SOTOCOLOR'S J. BROWN (Civil War: Choosing Sides 1)
GINA GOING (Civil War: The Return 1)
SOTOCOLOR'S A. CROSSLEY (Civil War: The Return 1)

TRADUCTION
LAURENCE BELINGARD, NICOLE DUCLOS,
KHALED TADIL, JÉRÉMY MANESSE

LETTRAGE
BIT, RAMONE, STUDIO V. JALIN,
GIANLUCA PINI

RÉDACTION USA
MOLLY LAZER, AUBREY SITTERSON, STEPHEN WACKER,
WARREN SIMONS, ANDY SCHMIDT, MICHAEL O'CONNOR,
AXEL ALONSO, TOM BREVOORT, C.B. CEBULSKI

SOMMAIRE

Pour l'édition française : Panini France S.A. - Nice La Plaine, Bât. C2
Avenue Emmanuel Pontremoli, 06200 Nice.
ISBN : 979-10-391-3291-6
Dépôt légal : **février 2025**
Achevé d'imprimer en **Italie** en **janvier 2025** par **L.E.G.O. S.p.A.**
Via Galileo Galilei, 11 - 38015 Lavis (TN).
Code produit : **FMAPO018**

www.panini.fr

UN PLAT QUI SE MANGE FROID

Bienvenue dans ce troisième volume de notre publication au format poche de la saga *Civil War*. L'intrigue principale de ce conflit, qui oppose **Steve Rogers** (alias **Captain America**) à **Tony Stark** (alias **Iron Man**) autour de la Loi de Recensement des Surhumains, a d'importantes répercussions sur l'ensemble de l'univers Marvel. Après que le gouvernement a émis le souhait que tous les super-héros se déclarent et dévoilent leur identité auprès des autorités, deux camps se sont formés. Il y a d'un côté ceux qui acceptent de se soumettre au recensement, à l'image de Stark, au nom de la sécurité du pays et de ses citoyens. De l'autre, se trouvent ceux qui préfèrent combattre toute forme de restriction de liberté, comme Captain America. Au milieu de tout ça… **Wolverine** a d'autres préoccupations.

Comme *New Avengers* et *Amazing Spider-Man* dans le tome précédent, la série *Wolverine* est elle aussi touchée par les événements de *Civil War*. Au cours de sa très longue existence, **Logan** a assisté (voire participé) à bon nombre de conflits, et il ne tient pas forcément à prendre part à celui-ci (bien qu'il soit assez facile de deviner quel camp il choisirait…). **Marc Guggenheim** et **Humberto Ramos** sont dépêchés par la Maison des Idées pour réaliser un arc narratif en lien avec ce crossover.

L'équipe créative met en scène un Logan bien déterminé à retrouver **Nitro**, le super-vilain à l'origine de cette guerre civile super-héroïque. Souvenez-vous : c'est lui qui a causé la gigantesque explosion responsable de la mort de centaines de personnes, dont les membres des **New Warriors**. Wolverine soupçonne que les pouvoirs de Nitro aient été augmentés ce jour-là. Il veut donc savoir s'il avait utilisé un produit dopant… et auquel cas, qui le lui avait fourni. Parce qu'il faut bien que le coupable paie pour tous ces morts.

Vous retrouverez ensuite deux numéros constitués d'histoires courtes centrées sur des personnages plus confidentiels de l'univers Marvel. La maison d'édition avait en effet à cœur de montrer comment *Civil War* pouvait toucher tous les héros et héroïnes, des plus importants aux plus secondaires. C'est ce que vous pourrez constater avec les one-shots *Choosing Sides* et *Civil War: The Return*. Bonne lecture.

VENDETTA

WOLVERINE (2003) 42
Couverture : **HUMBERTO RAMOS**

LE CROISÉ ET SES ACOLYTES...
... GENRE REBUTS DE LA CLASSE...
... QUI VOULAIENT DÉTOURNER UN C-130 FÉDÉRAL ET FINANCER AVEC LA RANÇON DES ATTAQUES SIMULTANÉES DE Q.G. DE HÉROS.
SACRÉ PLAN.
MAIS Y A UN HIC.
UN HIC QUI SE DÉFEND.

JE VOUS DÉRANGE ?
"JE ME GLORIFIERAI EN DIEU. JE ME CONFIE EN DIEU.
"JE NE CRAINS PAS LES HOMMES."
CAUSE TOUJOURS.
"J'EXERCERAI MA VENGEANCE AVEC COLÈRE ET FUREUR SUR LES NATIONS QUI N'ONT PAS ÉCOUTÉ."
BEAU PARLEUR.
ET MÊME PAS ORIGINAL.
JE PEUX EN FAIRE AUTANT.
"ŒIL POUR ŒIL", HEIN, ARTIE ?

ÉCRASE-TOI ! FONCE SUR LES TERRES EN DESSOUS !
"MA COLÈRE ET MA FUREUR SE RÉPANDENT SUR CE LIEU.
"SUR LES HOMMES, LES BÊTES, LES ARBRES DES CHAMPS.
"ET SUR LA TERRE. ELLE BRÛLERA, ET NE S'ÉTEINDRA POINT."
UN JOUR, VA FALLOIR QUE JE LA LISE, CETTE BIBLE.
POUR SAVOIR CE QU'UN BOUQUIN ÉCRIT Y A DES MILLIERS D'ANNÉES A À VOIR AVEC UN CRASH D'AVION.
AT-TENDS, MEC.
GAFFE.
ÇA VA TE FAIRE PLUS MAL À TOI QU'À MOI.
LE ZINC RÉSISTE COMME UN ENFANT GÂTÉ.
ASSEZ POUR M'EMPÊ-CHER DE ME POSER DANS CE CHAMP DE MAÏS.

LAISSE-MOI T'AIDER AVEC ÇA.
ENFIN... ME POSER, PAS VRAIMENT. C'EST PAS CE QUE J'AI APPRIS À L'ARMÉE.
C'EST TON JOUR, ARTIE.
TU VAS RENCONTRER TON PUTAIN DE CRÉATEUR.
QUELLE HONTE, QUAND MÊME.
J'ADORE LE MAÏS.
BOOOOOM

J'ÉMERGE TROIS HEURES APRÈS ET JE TERRORISE UN CHAUFFEUR DE LA F.A.A.
IL POURRA RACONTER À SES PETITS-ENFANTS QU'IL M'A DONNÉ SA VESTE.
FAA
ET LE NOM DU BAR DU COIN.
2x1
TACOS
BAR
HERE

T'AS UNE BIÈRE ?
ET TOI, T'AS TROIS DOLLARS ?
ÇA IRA ?
PAS DE MONNAIE.
TU ME RESSERVIRAS.
C'EST TÔT POUR SE PINTER.
PAS POUR MOI. DURE JOURNÉE. J'AI MÉRITÉ UNE PAUSE.
EEE-EEE-EEE-EEE
DRÔLE D'IDÉE, HEIN ?
T'AS UN BIP ?
DIS PAS QUE T'ES MÉDECIN.
QUEL GENRE ?
CHIRURGIEN.
E-EEE-EEE-EEE-EEE-EEE-EEE- EE-EEE-EEE-EE

EH BEN, ILS TE LÂCHENT PAS.
FAUT VRAIMENT QUE JE SOIS PARTOUT.
MAUVAIS SIGNE.
TU PEUX METTRE LA TÉLÉ ?
CINQ MAUVAIS SIGNES.
BREAKING NEWS
T'AS UN TÉLÉ-PHONE ?

FATALISTADT, LATVÉRIE.
OPÉRATIONS EN COURS, LE PLAN AVANCE.
TU AS L'ENREGISTREMENT ?
OUI, MAIS...
MONTRE.
SIRE, LES IMAGES SONT...
TROUBLANTES.
JE LE SAIS.
MIEUX QUE PERSONNE.

MAIS NE T'INQUIÈTE PAS.
ON MAÎTRISE.
STAMFORD SUPER-DISASTER
RECORDED EARLIER
LUI.
C'EST QUI ?
ILS L'APPELLENT "NITRO".
NON.
SON NOM. SON VRAI NOM.
STAMFORD SUPER-DISASTER
RECORDED EARLIER
CNN
ROBERT HUNTER. IL S'EST ÉVADÉ IL Y A DEUX MOIS. IL A ACQUIS UNE CERTAINE NOTORIÉTÉ EN PROVOQUANT LA MORT DE CAPTAIN MAR...
HUNTER.
CE SERAIT IRONIQUE.
SI L'IRONIE EXISTAIT ENCORE.

STAMFORD, CONNECTICUT.
PAS UN MOT.
PENDANT BIEN TROIS HEURES.
C'EST LE MINIMUM POUR PAS GERBER.
RACHEL A DU MAL.
BRO
QUAND ÇA RECAUSE...
ILS TIENNENT UNE PISTE SUR NITRO. APPAREMMENT, IL AURAIT QUITTÉ LA VILLE EN DOUCE À L'ARRIÈRE D'UNE CAMIONNETTE.
... C'EST POUR PARLER RÉPRESSION.
MAIS EN FIN DE COMPTE, CEUX QUI SONT PUNIS...
... LES BOUCS ÉMISSAIRES...
... ÇA CHANGE AVEC LE TEMPS.
VOUS NOUS SUIVEZ MÊME QUAND NOUS VENONS AIDER LES SECOURS À GÉRER UNE CATASTROPHE ?
C'EST NOTRE BOULOT, WOLVERINE.
TRÈS PEU DE TEMPS.

PORT WASHINGTON, NEW YORK.
LILY A FOOT JEUDI.
NON. PIANO. ET APRÈS, DEVOIRS. PUIS, ELLE A SON COURS DE MATHS.
CE2, CE2... ET ALORS ?
BEEP!
CAROL, ATTENDS UNE MINUTE.
JUSTE UNE MINUTE. J'AI UN AUTRE... MERCI.
ALLÔ ?
C'EST CONFIRMÉ ?
ET PAR QUI ?
AH.
PAUL.
PAUL.
OUI, CHÉRIE ?
C'ÉTAIT LA DIRECTION DES OPÉRATIONS.
ON DOIT Y ALLER.

NEW YORK CITY, NEW YORK.
PLUS TARD.
PAS DE NITRO. À CROIRE QUE ÇA INQUIÈTE PERSONNE.
ILS PRÉFÈRENT DÉBATTRE.
SUR L'ENREGISTREMENT DES SURHUMAINS.
LA HAUSSE DU TABAC.
<LOGAN-SAN ?>
KONICHIWAH, ISHIGURO-SAN.
<EXCELLENTS, CES UNAGIS.>
<J'AIMERAIS NE PAS AVOIR À TE DEMANDER...>
<CE QUE TU VEUX.>
<ÇA... ÇA ME GÊNE BEAUCOUP... MAIS...>
<... LES HÉROS NE SONT PAS LES BIENVENUS, VU LES RÉCENTS ÉVÉNEMENTS.>
D'UN COUP, C'EST LE GRAND SILENCE.
PAS UNE PERTE.
LEUR TÊTE SUFFIT.
PAS BESOIN DE DESSIN. JE SORS PAR DERRIÈRE.

D'AUTRES FANS M'ATTENDENT.
<TES POTES ET TOI, ON VOUS VEUT PLUS, GAIJIN.>
IL PARLE PAS DES CANADIENS ?
C'EST PAS UNE IDÉE D'ISHIGURO, J'ESPÈRE.
VOUS VOULEZ VOUS BATTRE ?
SÛRS ? C'EST PAS LE SAKÉ QUI VOUS MONTE AU CERVEAU ?
FRANCHEMENT, VOUS ÊTES RAIDES SI VOUS CROYEZ DESCENDRE UN...
... ANCIEN SOLDAT CANADIEN...
... EX-AGENT SECRET...
... EX-AGENT DU S.H.I.E.L.D...
... ACTUEL X-MAN ET AVENGER.

SANS PARLER DU SQUELETTE D'ADAMANTIUM.
ET DE MES COPINES.
SNIKT
C'EST CE QUE JE PENSAIS.
LES CONS.
MAIS BON... LA COLÈRE REND CON.
ET LES GENS SONT EN COLÈRE.
HAUSSE DU TABAC.

18 H 36, BAXTER BUILDING.
JE N'EN CROIS PAS MES OREIL-LES...
... LES MASQUES SONT UNE TRADITION. ON NE VA QUAND MÊME PAS LES LAISSER BAFOUER NOS DROITS.
TU PLAISANTES ? ON A DÉJÀ DE LA CHANCE QUE LES GENS AIENT TOLÉRÉ LA SITUATION AUSSI LONGTEMPS, SAM. EXPLIQUE-MOI UN PEU POURQUOI NOUS DEVRIONS ÊTRE AUTORISÉS À RESTER DANS L'ANONYMAT.
SI TU SORTAIS DE TA TOUR D'IVOIRE, TU SAURAIS QUE LE MONDE N'EST PAS TOUT ROSE.
TU M'EN DIRAS TANT ! TU CROIS QUE JOHNNY SERAIT À L'HOSTO SI DES IDIOTS DANS TON GENRE N'AVAIENT PAS SALI NOTRE RÉPUTATION, NABOT ?
"QUI SAIT ?"

LE S.H.I.E.L.D. DIT AVOIR UNE PISTE POUR NITRO, MAIS ILS ONT PAS CRACHÉ LE MORCEAU.
PFF. S'ILS POUVAIENT LE CHOPER, ILS L'AURAIENT FAIT.
ILS L'ONT PERDU.
CE FOU TUE PAR CENTAINES...
... ET ILS GLANDENT.
LAISSE, LOGAN.
ON A ASSEZ DE SOUCIS SANS SE LANCER DANS UNE VENDETTA.
SI TU LE DIS, BOSS.

EH, "NABOT".
ÇA SE VOIT.
PAS D'HUMEUR, CAGE.
OÙ TU VOULAIS EN VENIR, AU FAIT, AVEC TON MONDE POURRI ?
C'EST HARD ET DISTRIBUER DES PERMIS DE CONDUIRE VA RIEN ARRANGER.
D'ACCORD. MAIS OÙ EST LE MAL ?
ON EST DÉJÀ FICHÉS POUR CONDUIRE. PEU IMPORTE SI CERTAINS SAVENT VOLER.
NON. Y A FICHER ET FICHER, CAGE.
Y A QUELQUES DÉCENNIES, J'AVAIS DES POTES EN ALLEMAGNE.
J'AVAIS.
SE FAIRE ENREGISTRER LEUR A PAS RÉUSSI.
NOTRE GOUVERNEMENT, C'EST PAS LES NAZIS.
JUSTEMENT. ILS DEVRAIENT D'AUTANT MIEUX SAVOIR.

COMPARE PAS LES SUPER-HÉROS AUX JUIFS.
EN TOUT CAS, LA SENTINELLE PLANTÉE SUR LA PELOUSE DE XAVIER EST PAS LÀ POUR VENDRE DES GLACES.
NON, POUR TE PROTÉGER.
ET SI C'ÉTAIT GENRE UNE CROIX EN FLAMMES ?
PAR-DON ?
C'EST COMME ÇA QUE LES MUTANTS LES VOIENT. UN SYMBOLE D'OP-PRESSION.
DE FANA-TISME.
J'AI SOIF.

WESTCHESTER, NEW YORK.
DONNE-MOI UNE RAISON.
J'EN AI DEUX : C'EST PAS NOTRE COMBAT ET, TOUT SEUL, T'AURAS PAS NITRO.
SI C'EST PAS NOTRE COMBAT, C'EST CELUI DE QUI ?
ÇA RISQUERAIT D'EMPIRER LES CHOSES POUR LES MUTANTS.
SANS VOULOIR TE CHOQUER, MON CHOU, ON EST DES SURHUMAINS.
EMMA VEUT DIRE QU'ON PEUT FACILEMENT NOUS FAIRE PORTER LE CHAPEAU.
RAISON DE PLUS POUR SE DIFFÉRENCIER DE CE NITRO.
LOGAN...
TU L'APPROUVES PARCE QUE T'ES D'ACCORD AVEC ELLE OU TU COUCHES AVEC ELLE ?
LÀ, TU VAS TROP LOIN.
T'AS L'HABITUDE AVEC MOI, NON ?
EH, PARS PAS SI VITE !

STAMFORD, CONNECTICUT.
LE CHAMP DE FORCE DE NIVEAU 9 A PAS MAL PRÉSERVÉ LA ZONE.
TOUTES CES ODEURS.
ET FRAÎCHES.
PIÉTINÉES PAR LES SECOURISTES ET LES BUREAUCRATES, MAIS TOUJOURS LÀ.
JE ME CONCENTRE.
CIBLE.
RESPIRE.
LES DÉBUSQUE.
AVANT DE VENIR, JE SUIS PASSÉ VOIR LA CELLULE DE NITRO AU RAFT.
IL Y A CROUPI DES ANNÉES AVANT DE S'ÉVADER Y A DEUX MOIS.
ET LES ODEURS RESTENT.
LE PICK-UP AUSSI A SON ODEUR. ESSENCE. HUILE. REFROIDISSANT.
PLUS LES TRACES.

LE FBI SUIT DES VÉHICULES ROULANTS AVEC DES CHIENS.
CES CLEBS ONT RIEN SUR MOI.
MOI, J'AI L'ODEUR.
LA TRACE.
MARRANT.
ÇA FAIT DEUX MOIS QUE JE SUIS UN AVENGER.
ET J'AI ENFIN UN OBJET DE VENGEANCE.

WOLVERINE (2003) 43
Couverture : **HUMBERTO RAMOS**

ON M'APPELLE WOLVERINE.
JE SUIS LE MEILLEUR DANS MA PARTIE. ET DANS L'ILLÉGALITÉ...
... DEPUIS CINQ MINUTES.
MAIS CE QUI EST LÉGAL OU PAS M'A JAMAIS ARRÊTÉ.

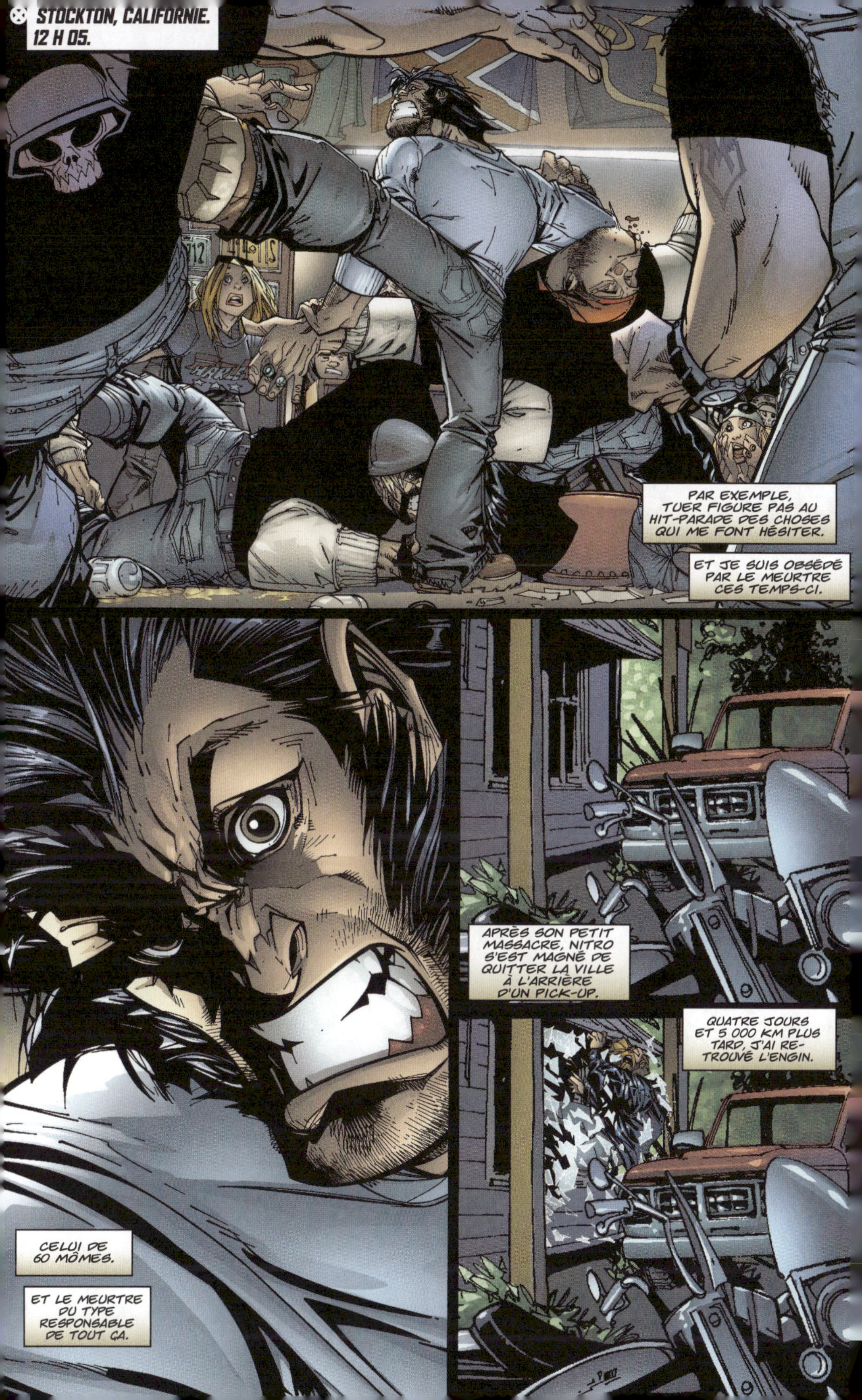
STOCKTON, CALIFORNIE.
12 H 05.
PAR EXEMPLE, TUER FIGURE PAS AU HIT-PARADE DES CHOSES QUI ME FONT HÉSITER.
ET JE SUIS OBSÉDÉ PAR LE MEURTRE CES TEMPS-CI.
CELUI DE 60 MÔMES.
ET LE MEURTRE DU TYPE RESPONSABLE DE TOUT ÇA.
APRÈS SON PETIT MASSACRE, NITRO S'EST MAGNÉ DE QUITTER LA VILLE À L'ARRIÈRE D'UN PICK-UP.
QUATRE JOURS ET 5 000 KM PLUS TARD, J'AI RETROUVÉ L'ENGIN.

ET SURTOUT, SON CHAUFFEUR.
OÙ IL ME LIVRE NITRO.
117-ETO
ROSWE
OÙ IL PASSE LE RESTE DE SES JOURS SOUS RESPIRATEUR ARTIFICIEL.
J'AI TON ATTENTION ?
MOTOR
TOI ET MOI, ON VA AVOIR UNE PETITE CONVERSATION.
JE... J'AI RIEN FAIT.
T'AS PRIS UN GUS EN STOP À STAMFORD.
GRAND. CHEVEUX BLANCS. HABIT VIOLET.
IL... UH... C'EST QUE...
TOUT CE QUI M'INTÉRESSE, C'EST DE SAVOIR OÙ TU L'AS DÉPOSÉ.
CE TYPE, IL PAYAIT CASH.
ET TOI ?
T'AS DES COUILLES, HEIN ?
SNIKT
TU VEUX LES GARDER ?
IL ME DONNE L'ADRESSE.

UNE CABANE À BIG SUR.
RIEN QUE DES OURS ET DES PIAFS AUTOUR. PAS DE CIVILS. PAS DE RISQUE DE DOMMAGES COLLATÉRAUX.
C'EST NOËL AVANT L'HEURE.
Life
TROIS HEURES DE ROUTE. JE METS LES GAZ ET J'Y SUIS DANS...
SNIFF
LE FILS DE...
SNIFF SNIFF
BIEN JOUÉ. JE PENSAIS PAS QU'IL RETROUVERAIT MA PISTE.
IL A TELLEMENT D'AUTRES CHATS À FOUETTER.
OK. MOI AUSSI, J'AI UNE SURPRISE.

MMMMMM MMMMMM MMMMMM MMMM
BONSOIR, TONY.
QU'EST-CE QUI T'AMÈNE À STOCKTON ?
TES JET-BOOTS QUI BRÛLENT L'OZONE... C'EST PAS FRANCHEMENT DISCRET.
JE NE ME CACHAIS PAS, LOGAN.
TANT MIEUX. ÇA SERAIT UNE INSULTE À MON INTELLIGENCE ET JE DÉTESTE ÇA.
TU LE SAIS BIEN, HEIN ?

ET TOI, TU SAIS QUE JE T'AI DIT DE LAISSER TOMBER NITRO.
DEPUIS QUAND T'ES MON CHEF ?
N'INSULTE PAS MON INTELLIGENCE.
DE NEW YORK À STOCKTON, LES URGENCES SONT DÉBORDÉES EN CE MOMENT.
TU N'ES PAS TRÈS DISCRET, TOI NON PLUS.
EN TANT QUE MEMBRE DES 198 MUTANTS, TU ES DÉJÀ RECENSÉ DE FACTO PAR LE S.R.A.
ET LE S.H.I.E.L.D. M'AYANT NOMMÉ RESPONSABLE DE TOUS LES HÉROS RECENSÉS...
ÇA M'OBLIGE PAS À T'OBÉIR AU DOIGT ET À L'ŒIL.
DE TOUTE FAÇON, NITRO N'EST PAS ICI. JE PRENDS JUSTE DU REPOS.
ENCORE UN STAMFORD, ET LE GOUVERNEMENT NOUS ENFERME TOUS.
CE N'EST PAS LE MOMENT QU'UN ÉLECTRON LIBRE PARTE EN CROISADE.
ET PENDANT CE TEMPS, NITRO SE LA COULE DOUCE DANS UNE CABANE À BIG SUR DE MES DEUX !
J'AI UN COMMANDO SUR LE PIED DE GUERRE.
JE N'ATTENDAIS QU'UNE ADRESSE POUR LEUR DONNER LE FEU VERT.
"BIG SUR DE MES DEUX". MERCI.

ET QU'EST-CE QUI SE PASSERA QUAND VOUS L'AUREZ GAULÉ ? IL IRA DANS UNE PRISON POUR SUPER-VILAINS ?
ON LE PIQUERA APRÈS DIX ANS DE PROCÉDURES EN APPEL ?
C'EST QUOI LA SENTENCE POUR AVOIR ATOMISÉ 60 GOSSES, CES TEMPS-CI ?
TOI, TU LE TUERAIS SANS PROCÈS.
PLUTÔT DEUX FOIS QU'UNE.
DOIS-JE VRAIMENT TE RAPPELER QUE C'EST POUR ÇA QUE NOUS SOMMES DIFFÉRENTS D'EUX ?
SAUF QUE MOI, JE SUIS PAS DIFFÉRENT. C'EST POUR ÇA QUE TU M'AS INVITÉ À REJOINDRE TES SCOUTS, NON ?
POUR FAIRE LES CHOSES QUE VOUS VOULEZ PAS FAIRE.
LE TUER NE RAMÈNERA PAS CES SOIXANTE ENFANTS.
IL S'AGIT PAS DE ÇA.
... POURQUOI ?
DE QUOI S'AGIT-IL ALORS ? DE PRÉVENTION ? LA PRISON S'EN CHARGE. ET ELLE SE CHARGE AUSSI DU CHÂTIMENT.
TU VEUX TUER NITRO. SAIS-TU SEULEMENT...

C'EST LUI ?
DAYTONA BEACH, FLORIDE.
HO, MEC !

TU M'AS ENCORE VOLÉ LA PRIORITÉ. JE VAIS TE FOUTRE MON AILERON DANS LE ※※※.
T'ENTENDS, DUCON ? T'AS PIQUÉ MA VAGUE.
HOOO... IL SE PREND POUR UN DUR.
C'EST CE QU'ON VA VOIR.
WHACK
CHOK
THWAP
OUI...
... C'EST LUI.

J'AI ACCEPTÉ DE LES ACCOMPAGNER.
BEN OUI.
AVEC OU SANS MOI, LE COMMANDO DE STARK ALLAIT INTERVENIR... OU DU MOINS ESSAYER.
PAS QUESTION DE LES LAISSER Y ALLER SEULS.
D'AUTANT QUE ÇA ME PERMET DE DÉCOUVRIR LA NOUVELLE UNITÉ DU S.H.I.E.L.D. POUR MATER LES HÉROS NON RECENSÉS.
"L'UNITÉ DE RÉPRESSION DES SURHOMMES."
J'AI UN AUTRE NOM POUR EUX.
N'EMPÊCHE, ILS ONT ASSEZ DE MATOS POUR LIQUIDER LE GUS QUI A ÉLIMINÉ UNE VILLE ENTIÈRE.
SHHHHH
C'EST LE PLAN, DU MOINS.

SHHHHHH
J'AI INSISTÉ POUR LES SUIVRE AU CAS OÙ LE PLAN...
BON, ÉCOUTEZ BIEN ! CIBLE À T MOINS UNE MINUTE ! DÉPLOIEMENT ET ÉVACUATION EN FORMATION ALPHA, COMPRIS ?
QUAND LE PLAN FOIRERAIT...
QU'EST-CE QUE TU FABRIQUES ? TU TE FAIS UNE MANUCURE ?
NON, C'EST MERCREDI.
ÇA TE POSE UN PROBLÈME ?
EUH... NON.

BIG SUR, CALIFORNIE.
SUPERHUMAN REGISTRATION ACT PASSES
QUE... ?
MERDE.

GO! GO! GO! GO!
BRAVO, ABRAMS. TRÈS SUBTIL.
EN CACHANT LE SOLEIL, VOUS LUI AVEZ MIS LA PUCE À L'OREILLE.
MANŒUVRE D'INTIMIDATION.
C'EST LA PROCÉDURE STANDARD POUR LES TYPES COMME CE NITRO.
LE HIC, C'EST QUE NITRO N'ENTRE DANS AUCUN STANDARD.
DEMANDEZ À CAPTAIN MARVEL ET AUX NEW WARRIORS.

LEUR PLAN EST SIMPLE : PRENDRE NITRO PAR SURPRISE, LE DÉCONCERTER ET LE CANARDER AVANT QU'IL LES FASSE SAUTER.
PLAN DÉBILE.
TRÈS DÉBILE.

J'AI VU LE COUP VENIR, BIEN SÛR.
LA BONNE NOUVELLE...

... C'EST QU'ON SENT RIEN.
DU MOINS, UNE FOIS FRANCHIS LES 300 DEGRÉS.

HUH.
QUI L'EÛT CRU ?
BEEP!
C'EST MOI.
LA CABANE QUE VOUS M'AVIEZ DÉGOTÉE, LES GARS...

... IL M'EN FAUT UNE AUTRE.
MAIS J'AI QUAND MÊME...
... UNE NOUVELLE QUI DEVRAIT VOUS INTÉRESSER.
LE PLUS PETIT DES X-MEN N'EST PLUS DE CE MONDE.
OUI, JE CONFIRME.
POUR CEUX QUI TIENNENT UNE FICHE DE SCORE, J'AI EU CAPTAIN MARVEL...
... CERTES, C'ÉTAIT UN BONUS, MAIS QUAND MÊME...
... LES NEW WARRIORS, ET LÀ, LA MEILLEURE PUB DU MONDE POUR L'ÉPILATION MASCULINE.

TROIS POUR MOI.
CE N'EST PAS UN JEU, ROBERT.
POUR VOUS, PEUT-ÊTRE.
MÉFIE-TOI. LA CHARITÉ DONT TU BÉNÉFICIES N'EST QUE ÇA : DE LA CHARITÉ.
TU N'AS PAS SIGNÉ DE CONTRAT NI RENDU AUCUN SERVICE.
JE VIENS DE VOUS DIRE QUE J'AVAIS FUMÉ...
CALLER: NITRO
MENU
UN INDIVIDU QUI EST À LA FOIS X-MAN ET AVENGER.
TU PENSAIS PEUT-ÊTRE QU'ILS NE REMARQUERAIENT RIEN.
OU PLUS PROBABLEMENT, TU N'AS PAS RÉFLÉCHI.
EN TOUT CAS, C'EST DANGEREUX D'ÊTRE ASSOCIÉ AVEC TOI.
ADIEU, ROBERT.
QUOI ? QUE...
VROOOOOOOOOOMM

JE VOUS AI DIT TOUT CE QUE VOUS VOULIEZ SAVOIR.
OÙ IL EST ALLÉ...
JE VOUS AI DIT OÙ LE NABOT POILU EST ALLÉ.
ET NOUS VOUS EN REMERCIONS.
C'EST JUSTE QUE JANUS N'AIME PAS LES GENS COMME VOUS.
C-C'EST-À-DIRE ? LES OUVRIERS ?
NON.
CH-CHUK-NK
LES HUMAINS.

"... DANGEREUX D'ÊTRE ASSOCIÉ AVEC MOI."
UN PEU QUE JE SUIS DANGEREUX. JE SUIS...
NOM DE... ?
WHAMM!
SNIKT
SNIKT
SNIKT

TROIS POUR MOI.

JUSTICE

WOLVERINE (2003) 44
Couverture : **HUMBERTO RAMOS**

ON M'APPELLE WOLVERINE.
JE SUIS LE MEILLEUR DANS MA PARTIE. ET MA SPÉCIALITÉ...
... C'EST DE TUER UN MAX DE GENS.

BIG SUR, CALIFORNIE.
8 H 22.
MAIS CE GUS-LÀ...
ROBERT HUNTER, DIT NITRO.
CE GUS-LÀ POURRAIT BIEN M'EN REMONTRER EN MATIÈRE DE CARNAGE.
IL A DÉJÀ EXTERMINÉ UNE VILLE DE SIX CENTS ÂMES.
PLUS QUATRE AVEC LES NEW WARRIORS.
PLUS UNE UNITÉ DU S.H.I.E.L.D.
ET JE SERAIS AUSSI CARBONISÉ QU'EUX SANS MON FACTEUR AUTOGUÉRISSEUR.
MAIS PUTAIN, QU'EST-CE QUE JE M'ÉCLATE.

EN PLUS, JE PEUX PRENDRE MON TEMPS.
JE PENSAIS QUE J'ALLAIS DEVOIR FAIRE VITE ET LE RECTIFIER AVANT QU'IL M'EXPLOSE AVEC SON POUVOIR.
MAIS SES CHEVEUX NE SONT PAS EN FEU.
SA CHEMISE N'A PAS L'AIR FAITE DE MOLÉCULES INSTABLES.
ET SURTOUT, IL Y A SON PORTABLE.
POUR QU'IL AIT SURVÉCU À L'EXPLOSION, C'EST QU'IL Y A AUTOUR DE LUI UNE ZONE QUI N'EST PAS AFFECTÉE PAR SON POUVOIR.
GENRE, L'ENDROIT LE PLUS SÛR, C'EST DANS L'ŒIL DU CYCLONE.
UTREMENT DIT, TANT QUE JE RESTE À PROXIMITÉ, JE PEUX FAIRE ÇA TOUT L'APRÈS-MIDI.
BELLE JOURNÉE EN PERSPECTIVE.
"SIRE... IL Y A DU NOUVEAU."

ON A ÉTABLI LE CONTACT VISUEL AVEC LA CIBLE, MAIS IL Y A UNE TIERCE PERSONNE.
CE "TIERS"... AMI OU ENNEMI ?
INDUBITABLEMENT ENNEMI.
UTILISEZ ÇA À VOTRE AVANTAGE. JE VOUS REJOINS.
ET AGENT ? SI CE "TIERS" MENACE DE CONTRARIER LE PLAN...
TUEZ-LE.
"TU VAS... TU VAS ME TUER ?"

APRÈS CE QUE T'AS FAIT, C'EST TOUT CE QUE TU MÉRITES, NON ?
MAIS TU ES... DU CÔTÉ DES BONS.
TU LIS PAS LES JOURNAUX ?
TOUS LES BONS ROULENT POUR LE GOUVERNEMENT, DÉSORMAIS.
LES AUTRES SONT DES HORS-LA-LOI.
QUANT À TA QUESTION...
NON, JE VAIS PAS TE TUER.
JE VAIS TE TABASSER ENCORE QUELQUES HEURES. PUIS JE PASSERAI AU DÉCOUPAGE.

SI TU RESPIRES PLUS AU COUCHER DU SOLEIL... BEN, C'EST PAS MON PROBLÈME.
ET SI...
ET SI JE TE LIVRAIS QUELQU'UN D'AUTRE ? UN NOM ?
LE NOM D'UN AUTRE QUI A TUÉ PLUS DE 600 PERSONNES ?
OUAIS... ABSOLUMENT.
TU T'ES PAS DEMANDÉ COMMENT J'AI FAIT ÇA ?
J'AI JAMAIS EU CE GENRE DE POUVOIR AVANT.

JE TE DONNE DIX SECONDES.
TU CROIS QUE TON DEALER M'INTÉRESSE ? JE SUIS PAS DE LA BRIGADE DES STUPS.
C'EST PAS MON DEALER. JE LUI PAIE PAS UN ROND POUR ÇA.
JE SUIS DE LA BIBINE À CÔTÉ. ET POURTANT, J'AI LIQUIDÉ UNE VILLE.
TU VOIS ÇA ? 'EST DU MGH. 'HORMONE DE CROISSANCE MUTANTE.
UN HOMME EST PLUS QU'UN HOMME AVEC ÇA. POUR NOUS, C'EST COMME DES STÉROÏDES.
JE LE MENACE D'UNE OPÉRATION À CŒUR OUVERT SANS ANESTHÉSIE.
IL EST PRÊT À DIRE N'IMPORTE QUOI.

IL PUE LA PEUR À PLEIN NEZ.
MAIS IL A PAS L'ODEUR DU MEC QUI MENT.
PARLE. VITE.
ET HUNTER... SI J'ENTENDS UN SEUL MOT QUI SONNE FAUX, JE TE GARANTIS QUE TU VAS VOIR TES TRIPES DE PRÈS.
SON NOM, C'EST...
WOLVERINE !

MOI QUI PASSAIS UNE SI BONNE JOURNÉE.
EXCUSE-MOI, MAIS C'EST PAS POLI D'INTERROMPRE UNE CONVERSATION.
QUI C'EST, CE MEC-LÀ ?
LA RÉPONSE ATTENDRA. DANS L'IMMÉDIAT...
... BASTON.

CHUMP
SHUP
CHOK
SNIKT
SNIKT

J'AVOUE QU'IL EST BON.
ET IL DOIT PAS ÊTRE MANCHOT AVEC SA LARDOIRE.
CECI DIT, MOI NON PLUS.
SHOK
N'EMPÊCHE... J'AIMERAIS SAVOIR QUI EST CE GUS ET CE QUE JE LUI AI FAIT...
ASSEZ !
ARRÊTE, WOLVERINE !
NOUS N'AVONS RIEN CONTRE TOI.
QUI C'EST CELLE-LÀ ENCORE ?

T'ESPÈRES ME FAIRE CROIRE ÇA ? JE...
C'EST LÀ QUE JE PERCUTE.
C'EST PAS APRÈS MOI QU'ILS EN ONT.
LAISSE-NOUS EMMENER L'HOMME AUX CHEVEUX LONGS ET ON EN RESTE LÀ.
IL A DIT QU'IL ÉTAIT...
... DE LA BIBINE À CÔTÉ D'EUX.
NAVRÉ, CHÉRIE.
J'PEUX PAS FAIRE ÇA.
J'Y CROIS PAS QUE J'AI DIT ÇA.

BON...
TANT PIS. TU M'AS L'AIR AU BOUT DU ROULEAU.
C'EST PAS COMPLÈTE-MENT FAUX.
SURTOUT QUE LE BLACK COGNE PAS POUR DE RIRE.
Y A COMME DES POUVOIRS DANS L'AIR.
JANUS !!
ET DU LOURD, EN PLUS.

VOUS AVEZ FAIT UNE GRAVE ERREUR.
AH ? C'EST DU TOUT CUIT POUR MOI.
JE PARLAIS PAS DU NABOT POILU, PAUVRE CRÉTIN.
MOI NON PLUS.
CRÉTIN.

D'ACCORD.
SI CES LOUSTICS SONT LÀ POUR NITRO, ÇA COULE DE SOURCE QU'ILS AIENT DU RÉPONDANT.
QUI QU'ILS SOIENT.
OOOF!
CRÉTIN, HUH ?
C'EST QUI LE CRÉTIN, LÀ ?
PAUL !
DONC, ON A "PAUL", "JANUS", ET UNE BLONDE GENRE DESPERATE HOUSEWIFE.
POURQUOI CES TROIS SUPER-BANLIEUSARDS EN ONT-ILS APRÈS NITRO ?
"C'EST LES SUITES DE STAMFORD."

MAIS J'AI PU RÉGLER ÇA.
ET TOI ?
DES PROBLÈMES AVEC LA FEMME DRAGON EN MON ABSENCE ?
J'AI RÉGLÉ ÇA AUSSI.
ALORS, CES SUITES ?
UN BON ÉLÉMENT EST SORTI DE LA RÉSERVE.
LEQUEL ?
L'ABRUTI QUI S'EST FAIT EXPLOSER EN DIRECT À LA TÉLÉ.
QU'A-T-IL FAIT CETTE FOIS ?
RIEN D'IMPORTANT. JE L'AI VIRÉ. STRATÉGIE DE LA TERRE BRÛLÉE. MAIS TU DEVRAIS JETER TON PORTABLE.
JE SAVAIS QUE...
NE T'EN FAIS PAS, HENRY.
IL EST IMPOSSIBLE DE REMONTER JUSQU'À NOUS.

LE MÉRITE-T-IL, WOLVERINE ?
POURQUOI TE SACRIFIER POUR LUI ?
GRRRR...
J'AI ENCORE RIEN SACRIFIÉ, MA BELLE.
SHUNNK
ET JE PARDONNE PAS NON PLUS.
C'EST JUSTE QUE CE BOUCHER ET MOI, ON A CONCLU UN MARCHÉ.

C'EST PAS RELUISANT, MAIS C'EST ÇA, MON MONDE.
JE NE RESTERAIS PAS LÀ.
À TA PLACE.
HÉ, JE T'AI MANQUÉ ?
URG!
TOUT LE MONDE ICI A UN COMPTE À RÉGLER.
POURQUOI PAS MOI ?

TU PROTÈGES CE TYPE-LÀ ?
JE VAIS Y RÉFLÉCHIR À DEUX FOIS.
ON VEUT JUSTE QUE JUSTICE SOIT FAITE.
POUR STAMFORD ?
NAVRÉ DE DÉRANGER, MAIS JE SUIS LÀ !
SI TU PERMETS, J'AIMERAIS "PASSER AU DÉCOUPAGE".
J'EN AI MARRE D'ÊTRE INTERROMPU QUAND...
... J'ESSAIE D'AVOIR UNE ONVERSATION.

BON, TOUT LE MONDE SE CALME UNE SECONDE.
TOI AUSSI.
BOUGE PLUS OU JE TE LARDE L'AUTRE ÉPAULE.
BIEN.
PASSONS AUX EXPLICATIONS.
VOUS ÊTES DE STAMFORD ?
D'OÙ VOUS VIENT VOTRE FORCE ? MGH ? SÉRUM DU SUPER-SOLDAT ?
NOUS L'AVONS DE NAISSANCE.
CHEZ NOUS.
ET C'EST PAS TON STAMFORD.

NI MÊME TON PAYS.
NI MÊME TON MONDE.
CE "NITRO" A TUÉ UN MEMBRE DE LA FAMILLE ROYALE.
VOUS VENEZ D'ATLANTIS.
NOUS SOMMES ICI POUR VENGER LA PRINCESSE NAMORITA.
ET SUR ORDRE DE QUI ?
ENFIN, WOLVERINE...

... QUELLE QUESTION !
MOI QUI PASSAIS UNE SI BONNE JOURNÉE.

CHÂTIMENT

WOLVERINE (2003) 45
Couverture : **HUMBERTO RAMOS**

ON M'APPELLE WOLVERINE.
JE SUIS LE MEILLEUR DANS MA PARTIE.
ET CE GUS VEUT PROUVER LE CONTRAIRE.

BIG SUR, CALIFORNIE.
9 H 04.
NAMOR.
PRINCE D'ATLANTIS.
OU ROI. ON S'Y PERD DE NOS JOURS.
ON S'EST FRITTÉS UNE FOIS, IL Y A QUELQUES ANNÉES.
JE ME SOUVIENS PAS DES DÉTAILS. J'ÉTAIS À L'OUEST, À L'ÉPOQUE.
MAIS SANS DOUTE QUE JE LUI AI CASSÉ LA
RETOURNE À LA BAILLE, NAMOR. NITRO ET MOI, ON DISCUTAIT EN TOUTE COURTOISIE...
(DE CE QU'IL A FAIT À CE PAUVRE TYPE, PAR EXEMPLE.)
... AVANT QUE TES BARBOUZES VIENNENT NOUS INTERROMPRE.
ET MOI...
... J'AIME PAS LES MALPOLIS.

MAIS C'EST JAMAIS QUE DES FANTASSINS OBÉISSANTS.
TOI, T'ES ROI.
POUR ÊTRE FRANC, J'ATTENDAIS MIEUX.
MOI AUSSI.
TU AS LA RÉPUTATION D'ÊTRE UN TUEUR.
COMMENT T'Y PRENDS-TU ? TU ENNUIES TES VICTIMES À MORT ?
C'EST UN PEU ÇA, SAUF...

... QUE C'EST LE CUIR QUE JE LEUR TANNE.
SHUNK
PRINCE !
RELAX, MAX.
T'ES À LA MONTAGNE, LÀ.
ÇA SERAIT DOMMAGE DE PAS PRENDRE UN BON BOL D'AIR.
SHIELD
JE PEUX T'EMPRUNTER ÇA ?
MERCI.
AGH.
SHIELD

THP
ACK!
CHOK
BON.
QUI D'AUTRE S'ENNUIE ?
IMPERIUS...

REX !!!
UN CONSEIL ROYAL...
QUAND TU VEUX ÉVISCÉRER QUELQU'UN, ESSAIE DE VISER LES ORGANES VITAUX.

COMBIEN DE TEMPS J'AI COMATÉ ?
ASSEZ LONGTEMPS POUR QUE NAMOR ET SA CLIQUE SE FASSENT LA MALLE, VISIBLEMENT.
J'AURAIS DÛ LES DÉTECTER PLUS TÔT.
SNIFF
LES ATLANTES SENTENT LE SUSHI...
... À L'HUILE DE VIDANGE.
JE VAIS LES SUIVRE FACILEMENT.

BEN NON.
JE PERDS LEUR TRACE UNE FOIS AU BORD DE L'EAU. DONC, JE PASSE...
... UN COUP DE FIL.
ET IL MET PAS LONGTEMPS À ARRIVER.
NAMOR.
ON AURAIT DÛ LE DEVINER ! C'EST SA COUSINE QUE NITRO A TUÉE.
ET LES AGENTS DORMANTS ?
J'SAIS PAS QUEL AUTRE NOM LEUR DONNER. ILS ONT UNE APPARENCE HUMAINE ET CONNAISSENT LES USAGES DU MONDE DE LA SURFACE.
MERDE.
ENCORE UN PROBLÈME.
TU VOULAIS QUE JUSTICE SOIT FAITE POUR STAMFORD. NITRO PAIE LE PRIX FORT.
LES ATLANTES PUNISSENT LES CRIMINELS EN LES ÉCORCHANT VIFS, VOIS-TU.
PAS LE MIEN.
AH, SI C'ÉTAIT AUSSI SIMPLE.
NITRO ÉTAIT SOUS L'EMPRISE DU MGH À STAMFORD.
QUI LE LUI A FOURNI ?
LOGAN...
JE T'ARRÊTE TOUT DE SUITE. J'AI DONNÉ MA PAROLE À NITRO. LE DÉBAT EST CLOS.
À QUOI JE TE SERS, ALORS ?
JE PEUX PAS RESPIRER SOUS L'EAU.

OCÉAN PACIFIQUE, 100 MÈTRES EN DESSOUS DU NIVEAU DE LA MER. 15 H 05.
IL A COMMENCÉ PAR REFUSER.
IL VOULAIT PAS SE SALIR LES MAINS.
IL VOULAIT PAS ÊTRE IMPLIQUÉ.
JUSQU'AU MOMENT OÙ J'AI SOULIGNÉ QU'IL Y AVAIT SANS DOUTE D'AUTRES AGENTS DORMANTS ATLANTES.
DANS TOUT LE PAYS.
UNE INVASION.
CIBLE À 35 MILES NAUTIQUES.
CET ARGUMENT-LÀ L'A CONVAINCU.
... DESTINATION ATTEINTE...

NOUVELLE PANGÉE.
PROVINCE ATLANTE. 943 021 HABITANTS.
DONNÉES SUPPLÉMENTAIRES INDISPONIBLES.
UM... JE VEUX VOIR VOTRE CHEF.
J'AI TOUJOURS RÊVÉ DE DIRE ÇA.
"REPARS."

REPARS À LA SURFACE ET J'OUBLIERAI QUE TU ES VENU ICI.
À MOINS QU'IRON MAN AIT L'ARROGANCE DE NE PAS TENIR COMPTE DU FAIT QUE S'INTRODUIRE À ATLANTIS EST UN ACTE DE GUERRE ?
ET ENLEVER UN HABITANT DE LA SURFACE POUR L'AMENER ICI, ÇA PORTE QUEL NOM ?
POLLUTION DE L'EAU.
WOLVERINE A ÉTÉ CLAIR. IL VEUT ACCORDER L'ASILE À NITRO.
L'ASILE, PAS L'IMMUNITÉ.
ET CONTRE DES INFORMATIONS. EN L'OCCURRENCE, LE NOM DES IMBÉCILES QUI L'ONT LÂCHÉ SUR STAMFORD.
BIEN. JE LES TUERAI AUSSI.
AH, SI C'ÉTAIT SI SIMPLE.
UN MARCHÉ A ÉTÉ CONCLU, QUE ÇA TE PLAISE OU NON.

UN MARCHÉ OÙ LA VIE D'UN BOUCHER EST ÉPARGNÉE.
PAR WOLVERINE, EN PLUS.
UNE TELLE CLÉMENCE ME SURPREND DE SA PART.
AUTANT QUE TON MANQUE DE BON SENS.
FRANCHEMENT, JE PENSAIS QUE TU TENAIS WOLVERINE BIEN EN LAISSE.
DONC, C'EST NON ?
INUTILE DE PRENDRE DES POSES. TU SAIS TRÈS BIEN QUE TU NE RÉCUPÉRERAS PAS NITRO PAR LA FORCE.
DONC, SI TU VEUX ME CONVAINCRE... CONVAINCS-MOI.
POURQUOI LIVRERAIS-JE LE MEURTRIER DE MA COUSINE AUX DOUCES INDULGENCES DE VOTRE JUSTICE ?
DONNE-MOI UNE SEULE RAISON.
JE VAIS FAIRE MIEUX QUE ÇA...

JE T'EN DONNE SIX.
SNIKT
SNIKT

ATTAQUE, JANUS !
GGGGGRRRRR!
PUTAIN D'ARMURE. ELLE SE MANIE COMME UN 18-ROUES AVEC NEUF ROUES.
SHUNK
UHNF!
OK. 2E ROUND.

CHOK
ÇA, C'EST POUR LA "LAISSE".
AAAA-YIII!
JE PORTE UNE **ARMURE**, MA BELLE.
QU'EST-CE QUE TU ESPÈRES ME FAIRE AVEC TA LAME ?
BON...
TU ME DONNES NITRO...
... OU TA SECRÉTAIRE REÇOIT DES RAYONS RÉPULSEURS EN STÉRÉO ?

VAS-Y.
TUE-MOI. TUE MON MARI. MES ENFANTS.
MAIS LE MEURTRIER DE MA PRINCESSE NE SERA PAS LIBÉRÉ.
JE M'ADRESSAIS PAS À TOI.
ALORS, NAMOR ?
T'AS FAIT TON CHOIX ?
CE...
CET ASSASSIN EST-IL DIGNE DE TA PAROLE ?
NON.
SHINK
MAIS CHOSE PROMISE, CHOSE DUE.

TOUT HABITANT DE LA SURFACE ET "SUPER-HÉROS" QUE TU SOIS, TA STUPIDITÉ N'A D'ÉGALE QUE TON ARROGANCE.
ALORS LÀ, TU ME BLESSES VRAIMENT.
TU ES UN TUEUR. ET PARCE QUE TU TIENS "PAROLE" ENVERS UN AUTRE TUEUR, TON "HONNEUR" EST SAUF.
TU VIENS CHEZ MOI MENACER MON PEUPLE, MAIS TON "HONNEUR" EST SAUF.
TU VEUX M'EMPÊCHER D'EXERCER DES REPRÉSAILLES LÉGITIMES, MAIS TON "HONNEUR" EST SAUF.
AU MIEUX, TON "HONNEUR" EST UNE HYPOCRISIE. AU PIRE, UNE ILLUSION.
NITRO A DES INFOS QUE JE VEUX. ET QUI DEVRAIENT T'INTÉRESSER AUSSI, POUR LA MÊME RAISON.
NOUS LES AVONS DÉJÀ, CRÉTIN.
POLITUS, MON MARI, EST EN TRAIN DE LES EXTRAIRE.
MERDE.
JE VEUX LE VOIR.
TOUT DE SUITE.

NAMOR ME CROIT INQUIET POUR NITRO.
JE LE SUIS.
MAIS PAS POUR LA RAISON QU'IL IMAGINE.
JE SUIS SURPRIS QUE TU SOIS SI SENTIMENTAL. CE N'EST PAS TA RÉPUTATION.
J'AI UN TAS DE RÉPUTATIONS.
NOOOON !
COMME CELLE D'AVOIR SOUVENT RAISON.
BON... FAUT FAIRE QUOI POUR POUVOIR QUITTER CE TROU ?

POLITUS !
ST-ST... STAM.
STAMFORD.
C'EST...
NE DIS RIEN. GARDE TES...
STAMFORD. LE PRIN... IL... NITRO...
WALTER DECLUN
ASSASSIN...

JE VAIS T'ARRACHER LES POUMONS DE LA POI-TRINE...
NON.
SNIKT
J'Y VAIS.
AMÈNE-TOI, NABOT.
SHUMP
VOILÀ.
ENGHAHH!

C'EST FINI.
MAIS TU... M'AVAIS PROMIS...
SHINK
PLUS DE MARCHÉS.
PLUS DE SURSIS.
PLUS DE $*#* DE VICTIMES.
TU ES UN TUEUR. ET PARCE QUE TU TIENS "PAROLE" ENVERS UN AUTRE TUEUR, TON "HONNEUR" EST SAUF.
TU VEUX TUER NITRO... MAIS SAIS-TU POURQUOI ?
C'EST PAS NOTRE COMBAT.

LES MOTS RÉSONNENT EN MOI.
ME DÉFIENT.
ME BLÂMENT.
MES GRIFFES.
TOUT PRÈS DE SA JUGULAIRE.
UN GESTE ET C'EST FINI.
MAIS...
NON. C'EST PAS À MOI DE TE TUER.
C'EST À EUX.
MAIS TU VAS REGRETTER QUE JE L'AIE PAS FAIT.
C'EST TOUT CE QU'ON AURA JAMAIS EN COMMUN.

UN PEU PLUS TARD.
WOLVERINE.
TODAY'S SPECIALS
TU M'APPORTES LES CENDRES DE NITRO ?
DANS L'IMMÉDIAT, IL RESTE EN NOUVELLE PANGÉE EN TANT QU'HÔTE.
QUEL SENS DE LA MESURE.
TU PEUX PARLER.
AMI
ÇA N'AVAIT RIEN À VOIR.
J'AI RÉALISÉ QUE T'AVAIS RAISON. J'ÉTAIS ARROGANT.
RÉPÈTE-LE ET JE TE VIDE COMME UN POISSON, FAÇON...
... DE PARLER.
AVANT QUE NITRO S'ÉCHAPPE, POLITUS LUI A SOUTIRÉ LES INFORMATIONS QUE TU CHERCHES.
HÉLAS, IL LES A EMPORTÉES DANS SA TOMBE.
PAS VRAIMENT.
AVANT DE MOURIR, IL A RÉVÉLÉ À AMIR L'IDENTITÉ DU BIENFAITEUR DE NITRO.
UN CERTAIN "WALTER DECLUN".
JE L'AI CONNU AU TEMPS DE MON EXPÉRIENCE AMÉRICAINE.
EN ATLANTE, ON LE QUALIFIERAIT DE PESHACH. LE TERME N'EST PAS FACILE À TRADUIRE, MAIS EN GROS, ÇA DÉSIGNE UN INDIVIDU IMMORAL.
D'APRÈS MES SOURCES, IL EST AUJOURD'HUI P.-D.G. DE DAMAGE CONTROL INC.

REPRÉSAILLES (1)

WOLVERINE (2003) 46
Couverture : **HUMBERTO RAMOS**

ON M'APPELLE WOLVERINE.
JE SUIS LE MEILLEUR DANS MA PARTIE.
ET MA PARTIE, C'EST ÇA.

UNE SEMAINE PLUS TÔT.
NEW YORK CITY, NEW YORK.
10 H 08.
DAMAGE CONTROL. NE QUITTEZ PAS...
DAMAGE CONTROL, NE QUITTEZ PAS. DAMAGE CONTROL, NE QUITTEZ...
JE N'AI PAS RENDEZ-VOUS.
JE VEUX VOIR WALTER DECLUN.

APPELEZ SA SECRÉTAIRE ET REVENEZ QUAND VOUS EN AUREZ UN.
PAR-DON ?
M. DECLUN EST TRÈS OCCUPÉ. SI VOUS VOULEZ QU'IL VOUS REÇOIVE, VOUS PRENEZ RENDEZ-VOUS, COMME N'IMPORTE QUELLE FASHION VICTIM.
CAR JE NE SUIS PAS IMPRESSIONNÉE PAR LE COSTUME, NI INTIMIDÉE. VOUS PARLEZ À UNE FEMME QUI A DIT UN JOUR AU PUNISHER D'ATTENDRE SON TOUR.
CHÉRIE...
EST-CE QUE JE RESSEMBLE AU PUNISHER ?

VINGT SECONDES PLUS TARD.
VOUS DÉSIREZ ?
VOUS N'ÊTES PAS WALTER DECLUN.
JE VEUX VOIR WALTER DECLUN.
JE VEUX UN GÂTEAU AU CHOCOLAT SANS CALORIES ET UNE MASERATI.
VOUS M'AVEZ MOI. ET VOUS AVEZ CINQ MINUTES.
QUI VOUS ÊTES, BON SANG ?
ANN-MARIE HOAG. PRÉSIDENTE DE DAMAGE CONTROL. DECLUN EST LE D.G.
BON... QU'AVEZ-VOUS À LUI DIRE ?
ALLEZ CHERCHER DECLUN FISSA, *%.
4 MINUTES 57 SECONDES.

ÇA, C'EST DU MGH. VOUS ÊTES HUMAIN, ÇA VOUS DONNE DES POUVOIRS. VOUS AVEZ DÉJÀ DES POUVOIRS...
ÇA LES **BOOSTE**. J'AI VU UNE ÉMISSION LÀ-DESSUS.
OÙ EST LE RAPPORT AVEC DECLUN ?
C'EST LUI QUI A FILÉ CETTE CAME AU GUS QUI A RASÉ STAMFORD.
ET VOTRE BOÎTE A EU LE CONTRAT DE NETTOYAGE.
NON ?

NOUS AVONS DÛ INTRODUIRE LA SOCIÉTÉ EN BOURSE POUR AUGMENTER LE CAPITAL.
DECLUN ET SES INVESTISSEURS ONT ACQUIS UNE PARTICIPATION MAJORITAIRE.
IL S'EST IMPOSÉ COMME ADMINISTRATEUR, PUIS COMME DIRECTEUR GÉNÉRAL.
DECLUN EST UN CON, C'EST SÛR, MAIS DE LÀ À...
ANN-MARIE !
TAISEZ-VOUS.
COMPRIS ?
C'EST UN PAYS LIBRE, MEC.
POUR QUELQUE TEMPS ENCORE, DU MOINS.
C'EST UNE ENTREPRISE ICI. MON ENTREPRISE.
ET UNE PROPRIÉTÉ PRIVÉE.

LE S.H.I.E.L.D. MET TROIS MINUTES POUR ARRIVER.
J'AI APPELÉ IL Y A DEUX MINUTES.
OK, MEC.
MAIS TU SAIS QUOI ?
JE VAIS PRENDRE MON PIED À TE FAIRE TOMBER.
SEUL PETIT PRO-BLÈME...

CE QUI SE PASSE ICI N'IMPLIQUE PAS QUE DECLUN.
IL A DES ALLIÉS, SI J'EN CROIS LA PRÉSIDENTE.
ÇA N'A PAS DE SENS DE COUPER UNE TÊTE SI LE CORPS SURVIT.
IL FAUT TAILLER EN PIÈCES LE MONSTRE TOUT ENTIER.
PUIS LE BRÛLER.
"IL SERT À QUOI, CE BIDULE ?"

C'EST UN DATA-MINER.
ATELIER DE FORGE. EAGLE PLAZA, DALLAS, TEXAS.
SEMBLABLE AU MATÉRIEL QUE LA NSA UTILISE POUR SES ÉCOUTES.
IL SCANNE LES ORDINATEURS, À LA RECHERCHE DE MOTS-CLÉS DANS...
INUTILE DE ME FAIRE UN COURS. J'AI INSTALLÉ CE TRUC OÙ TU L'AS DIT, ET JE L'AI RÉCUPÉRÉ QUAND TU L'AS DIT.
ET APRÈS ?
ON VA VOIR CE QU'ON A APPRIS.
EN PRENANT MON PETIT-DÉJ', J'AI ÉCRIT UN PROGRAMME I.A. POUR TRIER ET INTERPRÉTER LES DONNÉES.
TU AVAIS RAISON, LOGAN. ÇA CRAINT.

PARTONS PRINCIPE E BASE.
"UN HÉROS COMBAT UN VILAIN ET FAIT DES DÉGÂTS. DAMAGE CONTROL EST PAYÉ POUR NETTOYER.
"MAIS CE QUE JE LIS ICI...
"... DANS LES PROPRES FICHIERS DE LA SOCIÉTÉ...
"... C'EST QUE DAMAGE CONTROL FAIT TOUT POUR MULTIPLIER LES COMBATS ENTRE SURHOMMES."
"PLUS DE COMBATS, PLUS DE DÉGÂTS, PLUS DE FRIC ?"
"EXACT."
"VOILA POURQUOI DAMAGE CONTROL A SHOOTÉ NITRO AU MGH. UNE EXPLOSION, ÇA RAPPORTE UN MAX."
"ET LA LOI DE RECENSEMENT EST UN FILON EN OR.
"EN PLUS DU NETTOYAGE, ILS SIGNENT DES CONTRATS AVEC L'ÉTAT POUR RECENSER, ÉVALUER ET FORMER LES SURHOMMES."
"*#% 2$..."
"J'AI VU ÇA AU VIETNAM, DANS LE GOLFE ET EN IRAK AUSSI.
"LÀ OÙ IL Y A LA GUERRE, IL Y A DES PROFITEURS."
"PAS POUR LONGTEMPS, CROIS-MOI."

EMMA ET SCOTT SONT AU COURANT DE CE QUE TU FAIS ?
FORGE...
ILS NE VONT PAS ÊTRE CONTENTS.
ILS NE SAURONT RIEN.
DIS-MOI JUSTE OÙ FRAPPER.
HÉLAS, CE N'EST PAS SI SIMPLE.
C'EST TOUJOURS SIMPLE.
CETTE FOIS, TU NE PEUX RIEN FRAPPER.
TU ES FACE À UNE SOCIÉTÉ, LOGAN. UNE PERSONNE ARTIFICIELLE.
ET ALORS ?
J'AI AFFRONTÉ ASSEZ DE SENTINELLES, ROBOTS ET LMD POUR SAVOIR QU'UNE PERSONNE ARTIFICIELLE SE TUE COMME UNE VRAIE.
C'EST-À-DIRE ?
TU HACHES JUSQU'À CE QU'IL NE RESTE RIEN.

"DIS-MOI JUSTE OÙ TAILLADER ET À QUELLE PROFONDEUR."
ET FORGE S'EXÉCUTE.
NEW YORK CITY, NEW YORK. PIER 46.
C'EST TOUT SIMPLE, EN FAIT.
UNE "PERSONNE ARTIFICIELLE" COMME DAMAGE CONTROL...
... N'EN A PAS MOINS DES MEMBRES ET DES ORGANES.

GRAND CAYMAN.
ÎLES CAYMAN.
ROYAL BANK FINANCIAL GRO
TU... TU NE VAS PAS...
TU COMPTES PAS ME DIRE QUE JE VAIS PAS M'EN TIRER COMME ÇA, HEIN ?
N-NON... BIEN SÛR QUE NON... C'EST JUSTE QUE... MÊME SI TU T'EN TIRES...

VAS-Y, CONTINUE...
LE CAPITAL DE LA SOCIÉTÉ EST ASSURÉ.
LES AVOIRS SONT TRANSFÉRÉS SUR DES SERVEURS SÉCURISÉS EXTÉRIEURS.
SANS BLAGUE ?
TRÈS BIEN...
... C'EST DANS LEQUEL QUE DAMAGE CONTROL GARDE SON POGNON ?
"TROP, C'EST TROP."

INSTITUT D'ENSEIGNEMENT SUPÉRIEUR XAVIER. WESTCHESTER, NEW YORK.
JE VAIS EFFACER TOUT SON APPRENTISSAGE DE LA PROPRETÉ.
ESSAIE UN PEU POUR VOIR, TRÉSOR.
T'ENTRERAS PAS DANS MA TÊTE.
CHARLES XAVIER M'A INSTALLÉ DES ÉCRANS-PSI DE NIVEAU 9.
VU QUE JE SUIS DE NIVEAU 10, JE DEVRAIS LES FRANCHIR SANS PROBLÈME...
EMMA...
... MAIS JE TE PRÉVIENS, TU RISQUES DE RÉGRESSER AU STADE MENTAL D'UN ENFANT DE TROIS ANS...
ÇA NE NOUS AVANCE PAS À GRAND-CHOSE D'ÉCHANGER DE VAINES MENACES.
... AVEC L'IMMATURITÉ QUE ÇA IMPLIQUE.
MES MENACES NE SONT JAMAIS VAINES, SCOTT.
EMMA, CALME-TOI.
LOGAN, IL ME SEMBLE T'AVOIR DIT DE NE PAS TE MÊLER DES SALADES DES HUMAINS.
JE T'AI EXPRESSÉMENT DEMANDÉ DE LAISSER TOMBER ÇA.
ET NON SEULEMENT TU ES PASSÉ OUTRE, MAIS EN PLUS, TU AS VIOLÉ QUATORZE LOIS D'ÉTAT, SIX LOIS FÉDÉRALES ET LA SOUVERAINETÉ DE GRAND CAYMAN.
JE SUIS TOUJOURS DIRECTEUR DE CETTE ÉCOLE ET LEADER DES X-MEN. TANT QUE TU ES AFFILIÉ AUX DEUX, TU DOIS ME RENDRE DES COMPTES.
BON...
QU'AS-TU À DIRE POUR TA DÉFENSE ?
EMMA, SCOTT SAIT-IL QUE TU AS ÉTÉ L'ALLIÉE D'IRON MAN ? POUR...
... AINSI DIRE.

NE PRENDS PAS CET AIR AHURI.
TU TE SOUVIENS DU JOUR OÙ MALICIA T'A PIQUÉ TES POUVOIRS ? DANS LA FOULÉE, ELLE VOLE LES SOUVENIRS AUSSI.
ET À PROPOS DE SOUVENIRS... ÇA ME REVIENT QUE VOUS M'AVEZ DIT DE RENONCER.
MAIS JE ME SOUVIENS AUSSI DE L'ENDROIT EXACT OÙ JE VOUS AI DIT DE VOUS LES CARRER, VOS "ORDRES".
ET SI JE VOUS AVAIS ÉCOUTÉS, NITRO SERAIT TOUJOURS EN CAVALE ET PERSONNE N'AURAIT JAMAIS EU VENT DES COMBINES DE DAMAGE CONTROL.
TOUT ÇA PARCE QUE VOUS AVEZ PEUR.
PEUR D'OFFENSER LES HUMAINS.
PEUR D'ÊTRE PRIS EN SANDWICH.
D'ÊTRE IMPLIQUÉS.
C'EST DRÔLE, MAIS JE CROYAIS QUE LE BUT DU COSTUME ET TOUT ÇA, C'ÉTAIT JUSTEMENT DE S'IMPLIQUER.
VOS DÉCISIONS, VOS "ORDRES"... C'EST DES COUPS...
... À CE QUE JEAN SE RETOURNE DANS SA TOMBE.
SI ELLE Y EST RESTÉE PLUS DE CINQ MINUTES.
"C'EST UNE IDÉE AFFREUSE."

JE NE VOIS PAS CE QUI CLOCHAIT DANS L'ANCIEN LOGO.
LES GROUPES DE DISCUSSION PRÉFÈRENT CELUI-CI. LE BOULEDOGUE EST TROP AMBIGU.
AMBIGU ? IL SYMBOLISE NOTRE TÉNACITÉ, NOTRE...
MONSIEUR ! C'EST REPARTI !
"AU WESTHAVEN MUTUAL FUND, CETTE FOIS.
"ILS ONT LIQUIDÉ LEURS PARTS... PLUS DE 36 % DES ACTIONS DE DAMAGE CONTROL."
"IMPOSSIBLE. JOEL BEGLEITER DIRIGE CETTE BANQUE.
"IL A TOUJOURS ÉTÉ LOYAL. C'EST POUR ÇA QUE WMF A TANT D'ACTIONS D.C.
"IL N'A PAS PU NOUS LÂCHER."
"SAUF S'IL N'A PAS EU LE CHOIX."
APPELEZ-MOI LARRY AU SERVICE DES TITRES...
... ET AMY AUX RELATIONS PUBLIQUES. TOUT DE SUITE.

... REMARQUABLE DÉMONSTRATION D'ASSURANCE...
... WALTER DECLUN A ANNONCÉ QUE DAMAGE CONTROL A ACHETÉ POUR 5,3 MILLIONS DE DOLLARS LES BUREAUX DE LONG ISLAND DE ROXXON...
... AFIN D'Y INSTALLER SON NOUVEAU SIÈGE SOCIAL.
CET INVESTISSEMENT CONSIDÉRABLE SURPREND APRÈS LES DÉBOIRES DE LA SOCIÉTÉ DE NETTOYAGE ET DE GESTION DU RISQUE...
... LA CONFIANCE DE WALL STREET AYANT ÉTÉ ÉBRANLÉE PAR UNE SÉRIE D'ACCIDENTS COÛTEUX ET UN RECUL DES BÉNÉFICES.
ANCIENS BUREAUX DE ROXXON, LONG ISLAND, NEW YORK.
M. DECLUN S'EST REFUSÉ À TOUT COMMENTAIRE SUR LES RÉCENTS REVERS DE FORTUNE DE DAMAGE CONTROL APRÈS TROIS ANNÉES DE CROISSANCE PHÉNOMÉNALE...
SACRÉ BÂTISSE.
MOUAIS...
SI J'AVAIS VOULU RASER LEURS LOCAUX, J'AURAIS COMMENCÉ PAR LEUR Q.G. DE MANHATTAN.
MAIS IL FALLAIT QUE JE VISITE CET ACHAT DE DERNIÈRE MINUTE.
ÇA SERAIT DOMMAGE QUE DECLUN SE SOIT DONNÉ TANT DE MAL ET QUE JE FONCE PAS DANS LE PIÈGE.
'SOIR. JE SUIS...

... EN RETARD ?
PILE À L'HEURE, NABOT.
ÇA, C'EST PAS GENTIL.
PERSONNE M'A JAMAIS TRAITÉ DE "NAIN"...
... ET SURVÉCU POUR S'EN VANTER.
VOYONS VOIR...
ARMURE MANDROÏDE.
ARSENAL DU S.H.I.E.L.D.
TECHNOLOGIE STARK INDUSTRIES.
IMPLANTS ORGANIQUES.
MINUTE. NON, C'EST JUSTE SA RATE.
PARDON.

PAS BESOIN D'ÊTRE EINSTEIN POUR DEVINER OÙ DAMAGE CONTROL A DÉGOTÉ CE SURPLUS.
ILS ONT PAS FAIT QUE DE LA RÉCUP' SUR LES CHAMPS DE BATAILLE.
ILS ONT TOUT RECYCLÉ.
JE ME BATS AVEC UN MARCHÉ AUX PUCES.
RÊVE PAS, MEC.
T'AS PIQUÉ ÇA À WHIRLWIND, HEIN ?
JE L'AI SONNÉ IL Y A SIX MOIS.
OUAIS. SA MAIN DROITE T'ENVOIE LE BONJOUR.

MAIS ON A... CUSTOMISÉ UNE DE SES SCIES CIRCULAIRES.
TU VEUX MON AVIS ?
LA SEULE CHOSE QUI PEUT COUPER L'ADAMANTIUM...
... C'EST L'ADAMANTIUM.

ALLEZ.
CICATRISE MAINTENANT, NABOT.

REPRÉSAILLES (2)

WOLVERINE (2003) 47
Couverture : **HUMBERTO RAMOS**

ON M'APPELLE WOLVERINE.
JE SUIS LE MEILLEUR DANS MA PARTIE.

QUEL EST LE PROBLÈME ?
ELLE EST COINCÉE.
JE COMPRENDS POURQUOI WHIRLWIND SE FAIT RÉTAMER À CHAQUE FOIS... CETTE SALETÉ EST CENSÉE TRAVERSER LA COUENNE DE LA CHOSE, BON SANG...
ZZZZZZZZ--CH-CUNK--CH-CUNK
IL A UN GENRE DE MÉTAL SUR LES OS. DE "L'ADAPTATIUM" O UN TRUC COMME ÇA...
... MAIS PEU IMPORTE. SA TÊTE NE TIENT PLUS QU'À UN FIL. IL EST FICHU.
TU SAIS CE QUE ÇA VEUT DIRE, HEIN ?
ON A ZIGOUILLÉ WOLVERINE, PUTAIN !
CHING

POURVU QU'EDDIE N'AIT RIEN...
EDDIE, ÇA VA LÀ-DEDANS ?
TIENS BON, VIEUX...
GAFFE DERRIÈRE VOUS.
T'AS PIGÉ ?
PAS UN MOT.
GAFFE DERRIÈRE VOUS.
QUE DIS-TU, EDDIE ?
IL DIT...

"GAFFE DERRIÈRE VOUS."
JANUS, C'EST LE NOM DU GRAND.
J'AI PAS CAPTÉ CELUI DE LA BLONDE.
ÇA SAUTE PAS AUX YEUX, MAIS ILS VIENNENT TOUS LES DEUX D'ATLANTIS.
ILS PEUVENT PRENDRE UNE APPARENCE HUMAINE GRÂCE À UN GÈNE QUELCONQUE.
EN GROS.
VOUS ME SUIVEZ DEPUIS QUAND ?
DEPUIS QUE TU AS QUITTÉ WESTCHESTER.
MERCI DE VOTRE AIDE.
C'ÉTAIENT TES ORDRES.
TU ES UN ALLIÉ DU ROYAUME, DÉSORMAIS.
SUPER.

TU M'EN LAISSES UN ? MERCI.
J'AI PAS L'HABI-TUDE DE ME FAIRE AIDER.
SURTOUT FACE À DES NULS PAREILS.
MAIS J'AIME BIEN PARER...
RRRRRR-CHUNK!
... À TOUTE ÉVENTUALITÉ.

AU CAS OÙ JE ME RETROUVERAIS EN MAUVAISE POSTURE.
AU CAS OÙ IL S'APPLIQUERAIT.
LOGAN... ARRÊTE.
ÉCOUTE, BOB... TU ME CONNAIS PAS DES MASSES.
ET TOUT CE DÉLIRE N'ARRANGE RIEN...
MAIS TU DEVRAIS SAVOIR QUE JE SUIS DU GENRE TENACE.
SNAKT
SNAKT
TU ENFREINS LA LOI USC 6 §558 SUR LE RECENSEMENT DES SURHOMMES, AINSI QUE LE CHAPITRE 40, ARTICLE 120, SECTION 120 DU CODE PÉNAL DE NEW YOOO
OOF!
DÉSOLÉ, J'AI PAS TOUT ENTENDU. TU PEUX RÉPÉTER LA FIN ?
PERMETS-MOI DE TRADUIRE.

TONY A MIS TOUT TON DOSSIER À MA DISPOSITION, JAMES.
TON FACTEUR AUTOGUÉRISSEUR M'EMPÊCHE DE TE TUER, MAIS TU PEUX SOUFFRIR.
LA VACHE.
ON L'APPELLE SENTRY, MAIS IL COGNE COMME GALACTUS.
EXACT, BABE.
EUH... BOB.
MAIS LA DOULEUR ET MOI...
... ON EST DEUX VIEUX AMIS.

JE N'AI PAS ENVIE DE FAIRE ÇA.
ET MOI, TU CROIS QUE ÇA M'AMUSE ?
JE NE VOULAIS PAS M'IMPLIQUER, JE TE LE JURE.
BEN TIENS. T'ES TRÈS CONVAINCANT.
MAIS JE N'AVAIS PAS LE CHOIX.
JE DOIS METTRE FIN À CES ATROCITÉS.
QUITTE À Y PRENDRE PART PENDANT QUELQUE TEMPS.
S'IL TE PLAÎT...
RRRRRR...
NE ME DIS PAS QUE ÇA TE FAIT DU BIEN...
NNNNGGG...
SHUK
... TES GRIFFES QUI TE BROIENT LES MAINS...
CE BRUIT... J'AI DÛ TE DÉCHIRER UN TENDON...
MAIS LE BON CÔTÉ, C'EST...
... QUE LA DOULEUR VA CESSER.

OK...
J'EN SUIS POUR MES FRAIS.
JE SUIS RÉVEILLÉ.
J'AI DROIT À UN COUP DE FIL ?
OU ÇA AUSSI, C'EST "SUSPENDU" ?
SHHHHHTTTT
VOUS N'AVEZ PAS CHÔMÉ, À CE QUE JE VOIS.
PAS DE PÉNURIE D'ENCAPÉS POUR VOUS, HEIN ?
T'AS PERDU TA LANGUE ?
EH BEN, ÇA TRAÎNE PAS.
ACCÈS AUTORISÉ. GOLDMAN, HERRICK. AGENT.
SHTT
VOILÀ LE NABOT MUTOS QUE VOUS VOULIEZ...

... COMMANDANT HILL.
MERCI, AGENT. VOUS POUVEZ DISPOSER.
WOLVERINE.
MARIA.
COMMANDANT HILL.
OÙ SONT MES DEUX AMIS ATLANTES, MARIA ?
ILS ONT L'IMMUNITÉ DIPLOMATIQUE. NOUS LES AVONS RELÂCHÉS.
VOUS DEVEZ ÊTRE DÉÇUE D'AVOIR PAS PU LES JETER DANS LE GOULAG QUE CONSTRUISENT STARK ET RICHARDS.
JE NE SUIS PAS SURPRISE QUE TU T'OPPOSES AU RECENSEMENT, LOGAN.
J'AI DE BONNES RAISONS...
... MAIS TOUT CE À QUOI JE M'OPPOSE, C'EST À UNE ORDURE QUI TIRE PROFIT DE LA GUERRE.
S'AGIRAIT-IL DE WALTER DECLUN, DIRECTEUR GÉNÉRAL DE DAMAGE CONTROL, MEMBRE DU CONSEIL D'ADMINISTRATION DE LA BOURSE DE NEW YORK ET AMI DU PRÉSIDENT ?
IL PORTE PLAINTE. JE NE SUIS PAS SÛRE QUE LA **LOI DE RECENSEMENT** SOIT TON PLUS GROS PROBLÈME.

VOUS ÉTIEZ AU COURANT QU'IL PROFITE DE LA GUERRE ?
DECLUN EST PROTÉGÉ. TU NE PEUX RIEN FAIRE CONTRE LUI ET MOI NON PLUS. SI TANT EST QUE J'EN AIE ENVIE, CE QUI N'EST PAS LE CAS.
J'AI ASSEZ À FAIRE COMME ÇA.
OUAIS, LE FASCISME, ÇA PREND DU TEMPS, IL PARAÎT.
C'EST FOU CE QUE LES GENS SONT PROMPTS À QUALIFIER DE FASCISTES DES LOIS JUDICIEUSES.
TROQUER LA LIBERTÉ CONTRE LA SÉCURITÉ, C'EST JUDICIEUX ?
JE CROYAIS QUE LA DEVISE DE L'AMÉRIQUE...
... ET JE SUIS CANADIEN, D'OÙ MA PERPLEXITÉ...
... C'ÉTAIT "LA LIBERTÉ OU LA MORT".
TOUS LES CANADIENS SONT AUSSI CRITIQUES ?
QUAND IL S'AGIT DE L'AMÉRIQUE, OUI.
EN TOUT CAS, TU AS DEUX OPTIONS : JOUER LE JEU ET ÊTRE AMNISTIÉ DE TES CRIMES...
... OU LE RESTE DE TA VIE - INTERMINABLE, VU LA LENTEUR DE TON VIEILLISSEMENT - DANS LES CHAÎNES.
OU...
... JE POURRAIS AUSSI BRISER CES MÊMES CHAÎNES, PRENDRE VOTRE ARME ET M'EN SERVIR POUR M'ENFUIR D'ICI.

JE REGRETTE D'AVOIR À TE DIRE ÇA, HOUDINI...
MAIS ÇA SERAIT UN MIRACLE, CAR LE COLLIER QUE TU PORTES N'EST PAS UN ACCESSOIRE DE MODE.
C'EST UN INHIBITEUR DE POUVOIRS.
OUAIS... C'EST UNE ERREUR COURANTE.
QUOI ?
DE CROIRE QUE PARCE QU MES GRIFFES SONT DUES UNE MUTATION GÉNÉTIQUE...
SHINK
SHINK
... ELLES SONT UN SUPER-POUVOIR.
PRÊTEZ-MOI ÇA !

SI J'ÉTAIS VOUS...
... JE ME CRAMPONNE-RAIS BIEN.
BLAMM! BLAMM! BLAMM!
CHIK
CHIK
CHIK
KEEERR
BON, OK...

... ÇA VA FAIRE MAL.
ET ENCORE PLUS MAL SI J'ARRIVE PAS À ENLEVER CE COLLIER.
IL N'AFFECTE PAS MES GRIFFES, MAIS IL INHIBE MON FACTEUR AUTOGUÉRISSEUR.
ET JE POURRAIS EN AVOIR BESOIN.

ÇA NE MARCHERA JAMAIS.
6H52
LE CONSEIL D'ADMINISTRATION VA VOTER ET ON VERRA.
CETTE SOCIÉTÉ… QUI, SOUS **VOTRE** DIRECTION, ÉTAIT AU BORD DE LA FAILLITE… A FAIT DES BÉNÉFICES CES TROIS DERNIERS TRIMESTRES, ENREGISTRÉ DES HAUSSES RECORD À LA BOURSE, ET DÉVELOPPÉ DES FRANCHISES SUR TROIS GRANDS MARCHÉS.
POURQUOI LES ADMINISTRATEURS VOTERAIENT-ILS MON RENVOI ?
MÊME SI VOUS N'ÉTIEZ PAS L'ÊTRE HUMAIN LE PLUS MÉDIOCRE QUE J'AIE RENCONTRÉ…
… ET J'AI CONNU CRÂNE ROUGE…
… CE MANQUE D'ÉVOLUTION COMMENCE À AFFECTER NOS RÉSULTATS FINANCIERS.
N'AVEZ-VOUS PAS REMARQUÉ QUE NOUS PERDONS TANT D'ARGENT ET D'INFRASTRUCTURE QUE NOUS SOMMES UNE FOIS DE PLUS AU BORD DE LA FAILLITE ?
CE PROBLÈME À COURT TERME A ÉTÉ AMÉLIORÉ DEPUIS.
APRÈS AVOIR LAVÉ VOTRE LINGE SALE DEVANT LE NEW YORK TIMES, LE S.H.I.E.L.D. ET CINQ AGENCES NATIONALES ET FÉDÉRALES.
C'EST POUR ÇA QU'ON PAIE DES AVOCATS.
MAIS VOTRE CONSCIENCE ÉTAIT MANIFESTEMENT ABSENTE CES TROIS DERNIÈRES ANNÉES, ALORS QUE JE SORTAIS DAMAGE CONTROL DU ROUGE.
QU'ATTENDIEZ-VOUS POUR VOUS INDIGNER ET REPRENDRE LES RÊNES ?
J'ATTENDAIS LE MOMENT OÙ VOUS ALLIEZ AVOIR UN EFFET NÉFASTE SUR NOS RÉSULTATS FINANCIERS, VOUS ET VOS ASSOCIÉS VÉREUX, AFIN DE M'ASSURER LE SOUTIEN DE NOS ACTIONNAIRES.
C'EST **PROVISOIRE**. POUR ME LIMOGER, IL FAUDRA D'ABORD QUE VOUS ME PASSIEZ SUR LE CORPS.
S'IL VOUS PLAÎT…

... JE PEUX ?
QUELLE LOYAUTÉ.
ILS SONT PARTIS APPELER LA POLICE.
SI TU VEUX M'ASSASSINER DE SANG-FROID, JE TE CONSEILLE DE FAIRE VITE.
ÇA SERAIT UN CHÂTIMENT, PAS UN ASSASSINAT.
ÇA SERAIT SÛREMENT PAS DE SANG-FROID.
ET J'AI TOUT SAUF ENVIE DE FAIRE VITE.

DANS CE CAS, TU PERMETS QUE J'ÉGALISE LES CHANCES ?
TU RECONNAIS ÇA ? C'EST LE FLACON DE MGH QUE TU AS PRIS À NITRO.
MGH
J'AI PRIS SA MAIN DROITE, AUSSI.
TOI...
SNIKT
T'AURAS MIEUX.
ACK...
GAFFE, MEC. T'ES PAS HABITUÉ À PRENDRE DES DROGUES...
À PART LES PETITES PILULES BLEUES DE PFIZER.
... NI À TE SALIR LES MAINS.
JE VAIS ME LES SALIR, LÀ...
EN RONGEANT TON CŒUR ENCORE TOUT PALPITANT, MONSTRE MUTANT.

"VOILÀ COMMENT ÇA S'EST FINI.
"ET JE PENSE PAS QU'IL Y AVAIT UNE AUTRE ISSUE.
"C'EST SÛR, IL Y A DES GENS QUI DÉSAPPROUVERAIENT, QUI AURAIENT TROUVÉ UNE MEILLEURE SOLUTION...
"MAIS C'EST COMME ÇA QUE JE RÉAGIS.
"QUE J'AI TOUJOURS RÉAGI.
"PARCE QUE, ET JE LE SAIS MIEUX QUE PERSONNE, UN CHIEN ENRAGÉ, FAUT L'ABATTRE. C'EST AUSSI...
"... SIMPLE QUE ÇA.

"ET DECLUN... C'ÉTAIT UN CHIEN ENRAGÉ."
"NON. ÇA REVIENDRAIT À LUI TROUVER DES EXCUSES. IL ÉTAIT...
"... LE MAL."
"SOIT...
"MAIS PAS LE MAL AU SENS OÙ NOUS L'ENTENDONS.
"NOUS VOYONS LE MAL COMME UN ACTE CONSCIENT, RÉFLÉCHI.
"DECLUN AVAIT ÉLABORÉ EN DÉTAIL UN PLAN DIABOLIQUE...

"IL L'AVAIT ASSEZ APPROFONDI POUR EN MESURER TOUS LES DÉGÂTS, Y RÉFLÉCHIR... ET FINALEMENT, NE PAS S'EN SOUCIER.
"MAIS LE MAL N'EST PAS COMME ÇA.
"LE MAL AGIT SANS RÉFLÉCHIR.
"LES CRAPULES NE PÈSENT PAS LE POUR ET LE CONTRE, NE SE CHERCHENT PAS D'EXCUSES...

"ELLES N'OBÉISSENT QU'À LEUR INSTINCT, COMME LE FAIT...
"... UN CHIEN ENRAGÉ."
DU MOINS, C'EST CE QUE JE ME DIS LES RARES FOIS OÙ J'AI TROP PICOLÉ...
"... ET OÙ JE REGRETTE LES TRUCS QUE J'AI FAITS DANS MA VIE."

ET VOUS REGRETTEZ CE QUE VOUS AVEZ FAIT DEPUIS... ÇA ?
"PEUT-ÊTRE QUE JE DEVRAIS.
"MAIS NON."
NON, MIRIAM.

FRAPPER À LA PORTE DU PARADIS

WOLVERINE (2003) 48
Couverture : **HUMBERTO RAMOS**

RAMOS 06
delgado

SIX SEMAINES PLUS TÔT. UN C-130 FÉDÉRAL, 1 500 MÈTRES AU-DESSUS DE LINDSBORTH, KANSAS.
ÉCRASE-TOI ! FONCE SUR LES TERRES EN DESSOUS !
"VOICI, MA COLÈRE ET MA FUREUR SE RÉPANDENT SUR CE LIEU.
"SUR LES HOMMES, LES BÊTES, LES ARBRES DES CHAMPS.
"ET SUR LA TERRE. ELLE BRÛLERA, ET NE S'ÉTEINDRA POINT."
UN JOUR, VA FALLOIR QUE JE LA LISE, CETTE BIBLE.
LAISSE-MOI T'AIDER AVEC ÇA.
POUR SAVOIR CE QU'UN BOUQUIN ÉCRIT Y A DES MILLIERS D'ANNÉES A À VOIR AVEC UN CRASH D'AVION.
ATTENDS, MEC.
LE ZINC RÉSISTE COMME UN ENFANT GÂTÉ.
ASSEZ POUR M'EMPÊCHER DE ME POSER DANS CE CHAMP DE MAÏS.
QUEL DOMMAGE. J'ADORE...
... LE MAÏS.
PRESQUE AUTANT QUE JE DÉTESTE CE QUI VA SE PASSER APRÈS LE CRASH.
ON CROIT QU'AVEC MON FACTEUR AUTOGUÉRISSEUR, JE ME REMETS DE TOUT ET JE SUIS IMPOSSIBLE À TUER.
ET C'EST TOUT À FAIT VRAI.
C'EST PAS POUR AUTANT QUE CETTE PHASE-LÀ M'ÉBRANLE PAS.
ET CELLE D'APRÈS, ENCORE PLUS.

BOUM.
ON DIT QUE LA NAISSANCE EST L'UNE DES EXPÉRIENCES LES PLUS TRAUMATISANTES DE LA VIE.
POURQUOI LA MORT LE SERAIT-ELLE MOINS ?
C'EST UNE VIEILLE COPINE.
QUAND JE SORS MES GRIFFES, JE TRANCHE DE LA CHAIR FRAÎCHE.
CETTE DOULEUR-LÀ EST PHYSIQUE.
MAIS CELLE DE L'ÂME...

C'EST UNE AGONIE NDESCRIPTIBLE, À RAI DIRE.
ET QUAND JE DIS AGONIE, C'EST UN EUPHÉMISME.
LA DOULEUR, JE CONNAIS.
À PART DANS LA MORT, RARES SONT LES FOIS OÙ J'AI RESSENTI CE GENRE DE SOUFFRANCE.
C'EST UNE SOUFFRANCE QUI TE RAVAGE, QUI T'EMBROUILLE LA TÊTE...
ET C'EST MÊME PAS ÇA LE PIRE.

LE PIRE, C'EST LA…
… LUMIÈRE.
OK, C'EST UN CLICHÉ. "N'APPROCHE PAS DE LA LUMIÈRE", "VA VERS LA LUMIÈRE".
MAIS COMMENT CROIS-TU QU'UN CLICHÉ DEVIENT UN CLICHÉ, AU DÉPART ?
ET S'IL N'Y AVAIT PAS DE LUMIÈRE ?

C'ÉTAIT JUSTE LA FAÇON DONT LE CERVEAU INTERPRÈTE CE QUI NE PEUT PAS L'ÊTRE ?
BAH...
PEU IMPORTE.
L'ESSENTIEL, C'EST QUE...
... JE SENS QU'ENTRER DANS CETTE LUMIÈRE...
... C'EST MOURIR POUR DE BON.
ET IL EST LÀ, COMME TOUJOURS.
ESPÉRANT MA MORT.
ET CHAQUE FOIS, JE M'ACCROCHE.
JE NE DEVRAIS PAS, MAIS...
... JE LE FAIS.
LA MORT T'ATTEND, LOGAN.
ELLE ATTEND, ET MOI AUSSI.
J'ÉMERGE TROIS HEURES APRÈS.
GLAÇANT LE SANG D'UN RAMASSEUR DE CADAVRES DE LA F.A.A.
IL RACONTERA ÇA À SES PETITS-ENFANTS. MOI, J'AI SA VESTE ET LE NOM DU BAR LE PLUS PROCHE.

BIG SUR, CALIFORNIE. DIX JOURS PLUS TARD.
LE HIC, C'EST QUE NITRO N'ENTRE DANS AUCUN STANDARD.
DEMANDEZ À CAPTAIN MARVEL ET AUX NEW WARRIORS.
LEUR PLAN EST SIMPLE : PRENDRE NITRO PAR SURPRISE, LE DÉCONCERTER ET LE CANARDER AVANT QU'IL LES FASSE SAUTER.
PLAN DÉBILE.
TRÈS DÉBILE.
CAR NITRO N'EST PAS UN AMATEUR.
LES BALLES NE LUI FONT PAS PLUS D'EFFET QU'UNE NUÉE DE MOUSTIQUES.
ET QUELQUES SECONDES LUI SUFFISENT...
... POUR SE FAIRE EXPLOSER.
MÊME SI J'AVAIS REPÉRÉ UN ABRI, JE N'AURAIS PAS EU LE TEMPS DE L'ATTEINDRE.

J'AI VU LE COUP VENIR, BIEN SÛR.
LA BONNE NOUVELLE...
... C'EST QU'ON SENT RIEN.
DU MOINS, UNE FOIS FRANCHIS LES 300 DEGRÉS.
PUIS LA DOULEUR...
... DEVIENT UNE AUTRE FORME D'AGONIE.
TE REVOILÀ ? DÉJÀ ?
ENTRE NOUS, LOGAN...

... JE TE CROYAIS MEILLEUR QUE ÇA.
"LE MEILLEUR DANS TA PARTIE" ? C'EST BIEN CE QU'ON DIT ?
QUE FAIS-TU ICI, JEANNIE ?
À VRAI DIRE, TOUT DÉPEND DE CE QUE TU ENTENDS PAR "ICI".
L'AU-DELÀ ?
OU TON ÂME ?
LES.
DEUX.

PEUT-ÊTRE PARCE UE JE SUIS LE GRAND AMOUR DE TA VIE.
OU QUE JE SUIS LA SEULE QUE TU ASSOCIES À LA MORT ET À LA RÉSURRECTION.
OU PARCE QUE JE SUIS VENUE ICI...
... TANT DE FOIS...
... QUE J'AI LAISSÉ UN PEU DE MOI-MÊME DEVANT LA PORTE.
C'EST PAREIL CHAQUE FOIS ?
QU'EST-CE QUI EST PAREIL ?
ÇA. CETTE CONVERSATION. L'AVONS-NOUS CHAQUE FOIS QUE CE GENRE DE CHOSE ARRIVE ?
PAR "GENRE DE CHOSE", TU VEUX DIRE QUAND TON CORPS MEURT ET QUE TON ÂME VIENT ICI ?
LES QUESTIONS SONT LES RÉPONSES. ELLES SONT NOTRE VIE.
TU VAS TOUJOURS ME RÉPONDRE PAR UNE QUESTION ?
AU-DELÀ DE CETTE LUMIÈRE, IL Y A...
... TOUTES LES RÉPONSES.
ELLES T'ATTENDENT.
ET MOI AUSSI.
AINSI QUE LAZAER.
EN REVENANT À MOI, JE LE VOIS.
DIFFICILE DE FAIRE AUTREMENT, MES PAUPIÈRES N'AYANT PAS REPOUSSÉ.

APPAREMMENT, IL EST K.-O.
JE SUPPOSE QUE ÇA L'ÉPUISE DE GÉNÉRER UN TEL POUVOIR.
ÇA A DÛ ÊTRE PAREIL À STAMFORD.
TANT MIEUX.
J'AI BESOIN D'UN RÉPIT.
ON EST LÀ...
... ÉTENDUS AU SOL.
IL DORT POUR RÉCUPÉRER. JE SENS MON SYSTÈME NERVEUX SE REFORMER, CELLULE PAR CELLULE.
C'EST CE QUI PREND TOUJOURS LE PLUS DE TEMPS... LA GUÉRISON DE "L'INFRASTRUCTURE", DES CELLULES, NEURONES ET % $* MICROSCOPIQUES.
QUAND IL SE RELÈVE ENFIN, JE FAIS LE MORT. ALLONGÉ LÀ, JE LAISSE MON FACTEUR AUTOGUÉRISSEUR FINIR SON BOULOT.
MES TYMPANS SONT LONGS À REPOUSSER.
OUI, JE CONFIRME.
POUR CEUX QUI TIENNENT UNE FICHE DE SCORE, J'AI EU CAPTAIN MARVEL...
... CERTES, C'ÉTAIT UN BONUS, MAIS QUAND MÊME...
... LES NEW WARRIORS, ET LÀ, LA MEILLEURE PUB DU MONDE POUR L'ÉPILATION MASCULINE.

JE VAIS T'EN DONNER DE L'ÉPILATION, TROUDUC.
TROIS POUR MOI.
IL ME FAUT ENCORE UN PEU DE TEMPS.
LE SYSTÈME NERVEUX EST LE PLUS LONG À SE RÉGÉNÉRER, CAR C'EST LE PLUS COMPLEXE.
LE SYSTÈME CIRCULATOIRE DÉMARRE PEU APRÈS.
UNE FOIS LA TUYAUTERIE EN PLACE, CE QUI RE-POUSSE CHEZ TOUT UN CHACUN...
... LES MUSCLES, LA PEAU, LES CHEVEUX...
... TOUT ÇA SE REFORME EN CINQ SEC.

TROIS POUR MOI.
JE SUIS DE LA BIBINE À CÔTÉ, ET POURTANT, J'AI LIQUIDÉ UNE VILLE.
ENFIN, WOLVERINE...
VOUS VENEZ D'ATLANTIS.
ET SUR ORDRE DE QUI ?
NOUS SOMMES ICI POUR VENGER LA PRINCESSE NAMORITA.

SNIKT
... QUELLE QUESTION !
... ET DE SIX.
NON.
C'EST PAS À MOI DE TE TUER.
J'AI VU ÇA AU VIETNAM, DANS LE GOLFE ET EN IRAK, AUSSI.
LÀ OÙ IL Y A LA GUERRE, IL Y A DES PROFITEURS.
PAS POUR LONGTEMPS, CROIS-MOI.
ALLEZ.
CICATRISE MAINTENANT, NABOT.
LA DOULEUR ET MOI...
... ON EST DEUX VIEUX AMIS.
SI J'ÉTAIS VOUS...
BLAMM! BLAMM! BLAMM!
... JE ME CRAMPONNE-RAIS BIEN.
ALLEZ, ALLEZ, ALLEZ...

C'EST DRÔLE, À LA VITESSE OÙ JE TOMBE...
... JE SENS TOUJOURS LE SOL MONTER VERS MOI. ET...
... JE TOMBE ENCORE.
BIEN APRÈS QUE MON CORPS S'EST ÉCRASÉ COMME UNE CRÊPE.
ET SOUDAIN...
IL EST LÀ.
SNIKT
CLANG

IL EST TOUJOURS LÀ.
POUR ME TUER.
M'ATTIRER DANS L'ABÎME.
JE LE COMPRENDS.
CAR C'EST MOI QUI L'AI TUÉ.
LAZAER.

C'EST SA REVANCHE.
SA VENDETTA.
IL FUT UN TEMPS OÙ, QUAND JE VENAIS DANS CE PURGATOIRE...
... IL N'ÉTAIT PAS LÀ.
CE COMBAT N'AVAIT PAS LIEU.
MAIS DEPUIS PEU, IL EST TOUJOURS LÀ... À M'ATTENDRE.

ET ON SE BAT.
S'IL GAGNE, JE MEURS. SINON, JE REPARS.
SAUF QUE GAGNER, ÇA VEUT DIRE NE PAS ENTRER DANS CETTE LUMIÈRE.
ET NE JAMAIS REVOIR AUCUN DE CEUX...
... QUE J'AIME.
DONC...
... MÊME SI JE GAGNE...
JE PERDS.
"C'EST TRISTE."

POURQUOI ME DIRE ÇA ?
POUR M'EXPLIQUER QUE TU NE PEUX PAS TE PERMETTRE DE T'ATTACHER À MOI ?
NI MOI À TOI ?

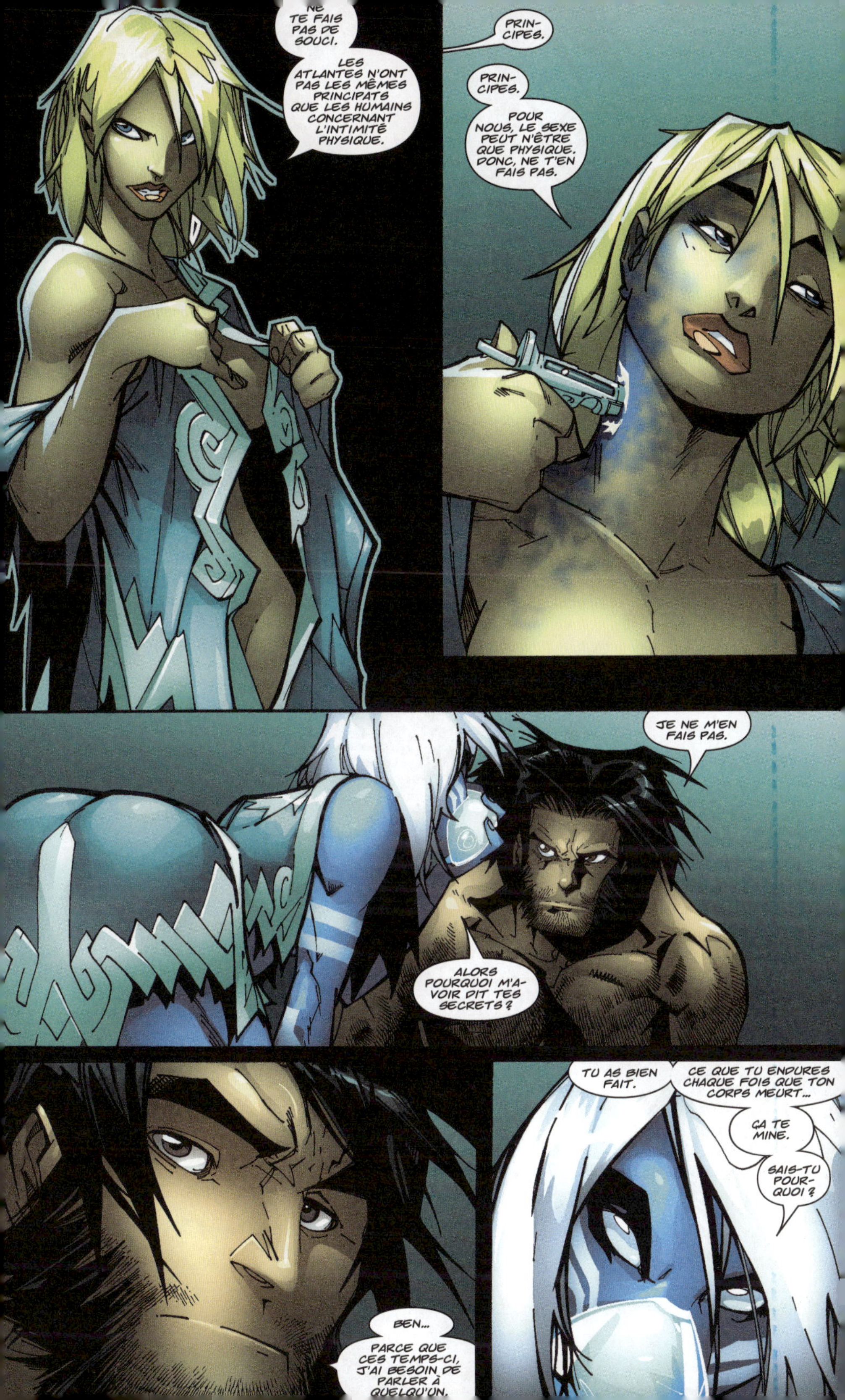
NE TE FAIS PAS DE SOUCI.
LES ATLANTES N'ONT PAS LES MÊMES PRINCIPATS QUE LES HUMAINS CONCERNANT L'INTIMITÉ PHYSIQUE.
PRIN-CIPES.
PRIN-CIPES.
POUR NOUS, LE SEXE PEUT N'ÊTRE QUE PHYSIQUE. DONC, NE T'EN FAIS PAS.
JE NE M'EN FAIS PAS.
ALORS POURQUOI M'A-VOIR DIT TES SECRETS ?
TU AS BIEN FAIT.
CE QUE TU ENDURES CHAQUE FOIS QUE TON CORPS MEURT...
ÇA TE MINE.
SAIS-TU POUR-QUOI ?
BEN...
PARCE QUE CES TEMPS-CI, J'AI BESOIN DE PARLER À QUELQU'UN.

JE PENSAIS AVOIR RÉUSSI À EXPLIQUER CLAIREMENT POURQUOI ÇA CRAINT.
NON. JE NE PARLAIS PAS DU FAIT QUE LA MORT TE MINE.
MAIS DU FAIT QUE TON ÂME REFUSE LE REPOS ÉTERNEL.
JE SAIS POURQUOI.

MAIS C'EST UN SECRET QUE JE NE SUIS PAS PRÊT À RÉVÉLER.
FIN

CHANGEMENT DE CAMP/OBJECTEUR DE CONSCIENCE/ CHOOSING SIDES/ENTRE DEUX FEUX/L'AMÉRIQUE NON-HUMAINE

CIVIL WAR: CHOOSING SIDES (2006) 1
Couverture : **LEINIL FRANCIS YU**

PORT WASHINGTON, NEW YORK.
CET ENDROIT RESSEMBLE À S'Y MÉPRENDRE À STAMFORD.
AVANT L'EXPLOSION, BIEN SÛR.
PRENEZ CETTE MAISON PAR EXEMPLE...
ELLE N'EST PAS BIEN DIFFÉRENTE DE CELLE QUI ABRITAIT NITRO ET SES ACOLYTES. AVANT L'ARRIVÉE DES NEW WARRIORS ET DES TECHNICIENS QUI LES ACCOMPAGNAIENT.
AVANT LA TRAGÉDIE ÉVOQUÉE PLUS HAUT.
AVANT LA LOI DE RECENSEMENT DES SUPER-HUMAINS.
AVANT TOUT CE *@#%.
SI JE REPENSE À ÇA, C'EST PARCE QUE L'HISTOIRE POURRAIT BIEN SE RÉPÉTER.
ET ÇA, PERSONNE NE LE SOUHAITE.
SURTOUT PAS MOI.
UNITÉ 2, ICI UNITÉ 1.
LA VOIE EST LIBRE. LA CIBLE EST DANS LE COIN NORD-EST.
SITUATION OPTIMUM. PRÊTS À ENTRER.
BIEN COMPRIS. UNITÉ 3 ATTEND LES ORDRES.
UNITÉ 2 EST PRÊTE À INTERVENIR.

CERTAIN.
C'EST BON. FAIS-MOI CONFIANCE.
CE SOIR, OK?
JE LE SAIS DE SOURCE SÛRE. DIS-MOI MAINTENANT : TOUT EST BOUCLÉ?
UH-HUH... UH-HUH... BIEN. EXCELLENT. ET NOTRE PART? COMBIEN?
ET EN DROITS DE RE-DIFFUSION?
GÉNIAL. ICI ET À L'ÉTRANGER?
POUR LA SÉRIE TÉLÉ, JE VEUX BERLANTI.
POUR LE LIVRE, MELTZER.
ET POUR LE FILM, ZALLIAN, KIOEPP OU GUGGENHEIM.
TK!
NON, L'AUTRE GUGGENHEIM. CELUI QUI A FAIT LE FILM SUR LE HOCKEY.
J'AVAIS ADORÉ...
TEK

BOOM!
JOEL...
... JE VAIS DEVOIR TE LAISSER.
VOUS DÉSIREZ, MESSIEURS ?
MACDONALD GARGAN, VOUS ÊTES EN ÉTAT D'ARRESTATION POUR INFRACTION À LA LOI 6 USC-558, DITE "LOI DE RECENSEMENT DES SUPER-HUMAINS" AINSI QUE POUR LES MEURTRES D'ADAM ALBERTSON, ALAN ANDERSON, AVERY BALDWIN, FRED BISMARK...
QUELQU'UN A REPÉRÉ LE SYMBIOTE ?
... FRED BISZE, DAVID BOLTON...
... POSSIBLE QU'IL SOIT CACHÉ SUR SON HÔTE...
VOUS M'AVEZ L'AIR UN PEU PERDUS.
... LAURA CAAS, JORDAN CAMDEN, MARIA CAMDEN, PETER CAMDEN...
TU COMPTES ME RÉCITER TOUT L'ANNUAIRE COMME ÇA ?

TU VEUX PAS PLUTÔT TIRER SUR TES COL-LÈGUES ?
QU'EST-CE QUE...
!?!?!?!
BUDDA BUDDA BUDDA BUDDA BUDDA BUDDA
C'EST PAS MOI ! JE VOUS JURE !
UHNF !
SHAM

CH-CUCH
SHAM!
BON SANG !
SON DOSSIER NE MENTIONNAIT PAS DE CONTRÔLE TÉLÉPATHIQUE...
DES AGENTS DU S.H.I.E.L.D. SURENTRAÎNÉS...
DES ARMURES ULTRAPERFECTIONNÉES...
MON ŒIL ! L'ÉLÉMENT DE SURPRISE A BEAU JOUER EN MA FAVEUR...
... JE PENSAIS QUE CE SERAIT PLUS DUR.
MAIS...
COMMENT AI-JE PU...?
SON DOSSIER NE MENTIONNAIT PAS DE CONTRÔLE TÉLÉPATHIQUE...
NORMAL. CE CONTRÔLE...

... N'A RIEN DE TÉLÉPA-THIQUE.
ALLEZ.
DIS-LE.
EN AVANT, UNITÉ 3 !
BIEN. MAINTENANT BRISE-TOI L NUQUE.
CHUCGK!
EXCELLENT TRAVAIL.

AH, NOUS Y VOILÀ...
"UNITÉ 3", JE PRÉSUME.
SONGBIRD...
... ET L'HOMME RADIOACTIF.
ILS AURAIENT PAS PU M'ENVOYER DES THUNDERBOLTS AVEC DE MEILLEURS NOMS ?
"SONGBIRD", "SCREAMING MIMI", ON NE PEUT PAS DIRE QUE TU Y AIES GAGNÉ AU CHANGE, JEUNE FILLE.
QUANT À "L'HOMME RADIOACTIF", C'EST D'UNE RARE ORIGINALITÉ...
POURQUOI PAS "ATOM" OU "FIRESTORM" ?
QUESTION DE DROITS.
ASSEZ, GARGAN.
NOUS AVONS DES ORDRES.
TU VAS VENIR AVEC NOUS.
COMME PRISONNIER OU COMME FUTUR THUNDERBOLT, C'EST TOI QUI VOIS.
ALLEZ... CHOISIS L'OPTION "PRISONNIER".
DÉSOLÉ DE TE DÉCEVOIR...
... MAIS JE N'EN VOIS PAS L'INTÉRÊT.
DIX MILLIONS DE DOLLARS, UNE NOUVELLE IDENTITÉ ET UN BILLET PREMIÈRE CLASSE POUR SORTIR DE CE SALE PAYS ?
SANS PARLER DE MON FUTUR STATUT DE CÉLÉBRITÉ. J'AI DÉJÀ VENDU MES DROITS AUTOBIOGRAPHIQUES.
D'APRÈS MON AGENT, SI J'AVAIS FAIT UN PEU PLUS DE VICTIMES AVANT DE ME "RANGER", ILS VAUDRAIENT ENCORE PLUS.
MAINTENANT QUE C'EST FAIT...
(AVEC CLASSE, D'AILLEURS)...
... JE N'AI PLUS QU'UNE SEULE QUESTION...

JE SIGNE OÙ ?
FI

KROOM!
HMM...
CHOOM!!
UNE GUERRE ENTRE SUPER-HÉROS.
PAS TERRIBLE POUR LES COMMERÇANTS.
EN REVANCHE, SI VOUS ÊTES EN CAVALE ET QUE VOUS N'AVEZ PAS DE TÉLÉ...

ÉQUIPES ALPHA ET BÊTA. DÉPLOYEZ-VOUS DÉFENSIVE-MENT… MAIS RETENEZ VOS COUPS : IL Y A DES CIVILS. COMPRIS, LA GUÊPE ?
AFFIRMATIF, GOLDEN BOY.

KA-THOOM
AÏE !
ÇA DOIT FAIRE MAL.
HEIN ?
HÉ !
PAS TOUCHE !
VA T'EN TROUVER UN AUTRE !
UGH.
MINCE ALORS !
AAGH!!
AU SE-COURS !
THRAKK!

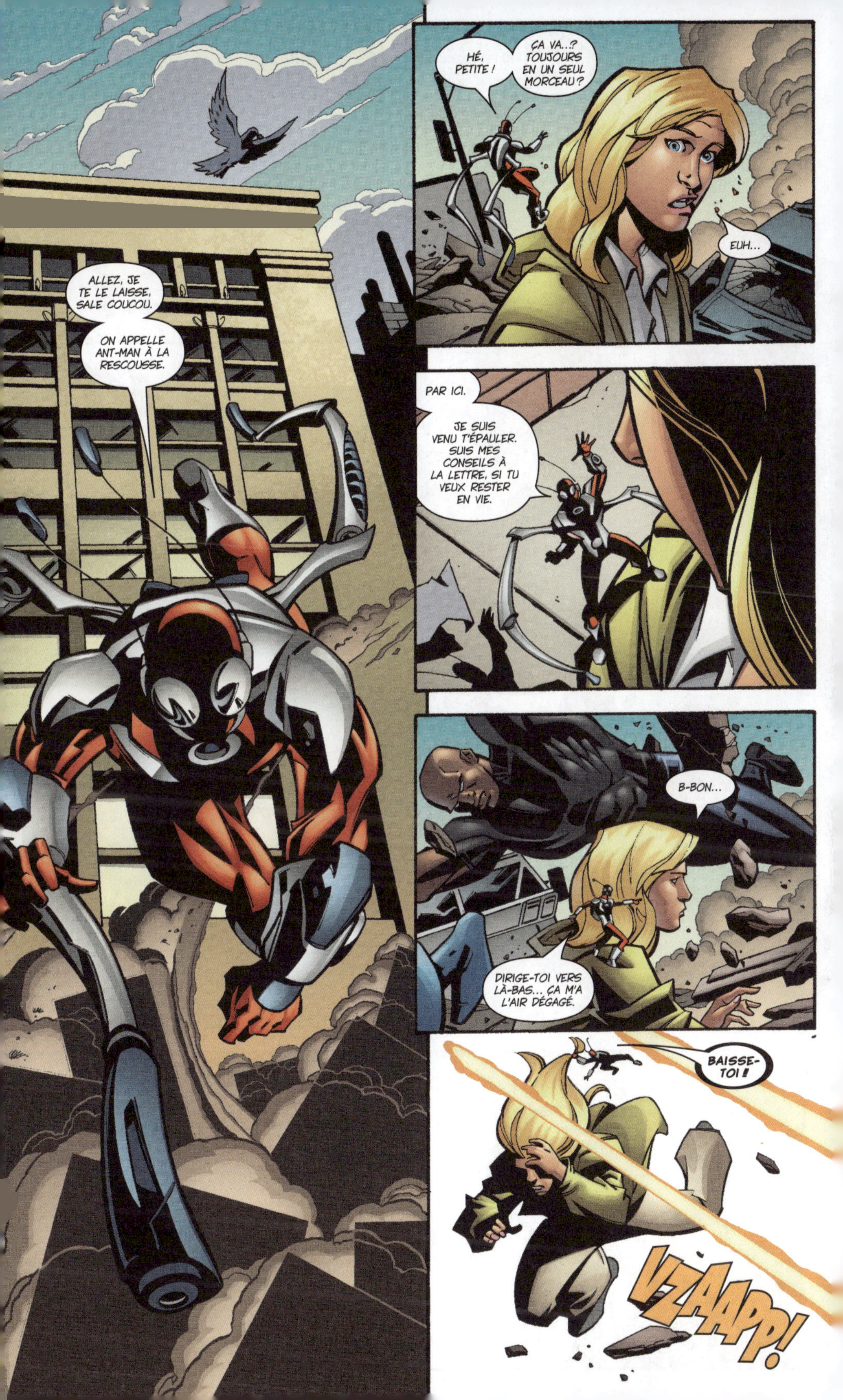
ALLEZ, JE TE LE LAISSE, SALE COUCOU.
ON APPELLE ANT-MAN À LA RESCOUSSE.
HÉ, PETITE !
ÇA VA...? TOUJOURS EN UN SEUL MORCEAU ?
EUH...
PAR ICI.
JE SUIS VENU T'ÉPAULER. SUIS MES CONSEILS À LA LETTRE, SI TU VEUX RESTER EN VIE.
B-BON...
DIRIGE-TOI VERS LÀ-BAS... ÇA M'A L'AIR DÉGAGÉ.
BAISSE-TOI !
VZAAPP!

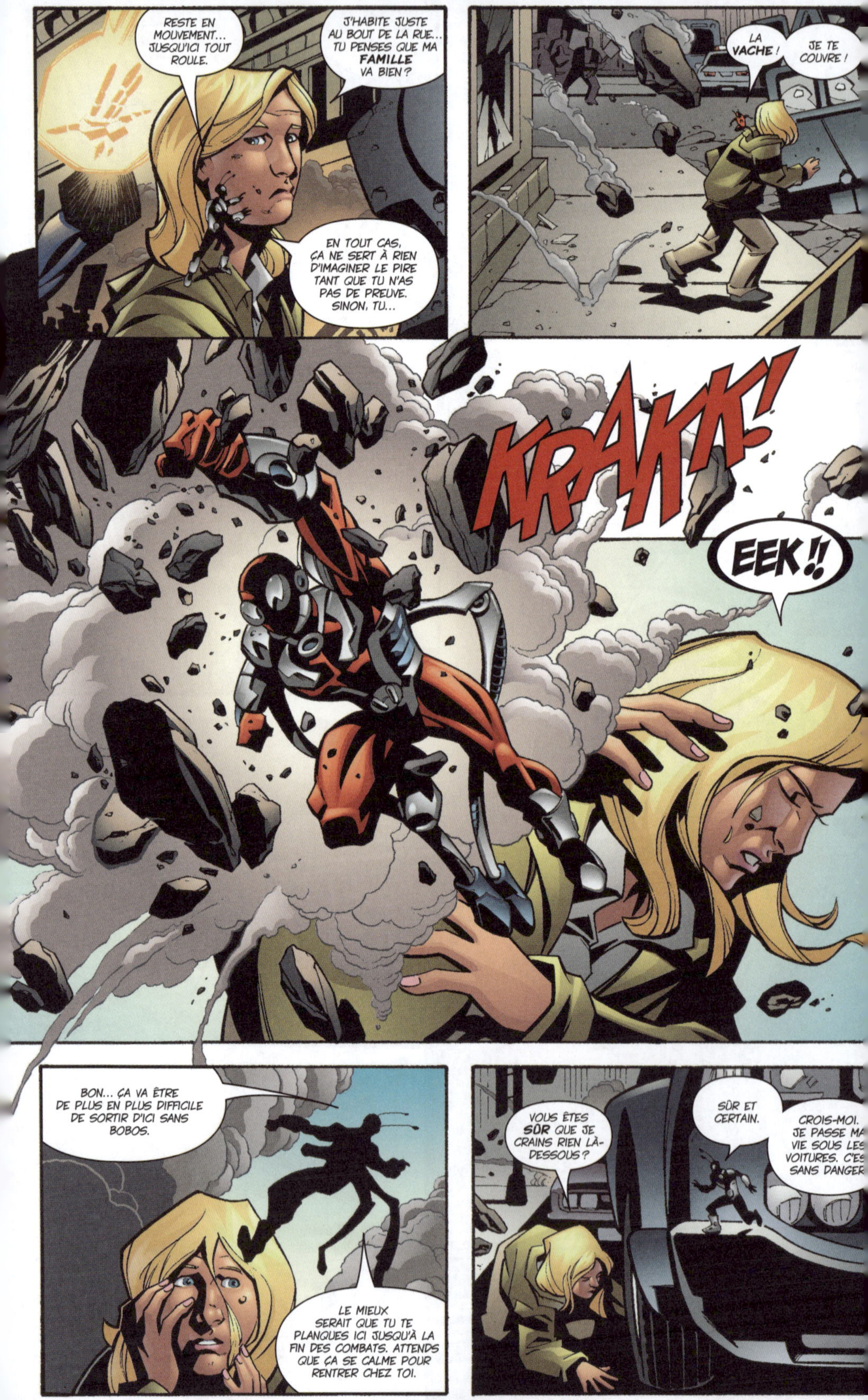
RESTE EN MOUVEMENT... JUSQU'ICI TOUT ROULE.
J'HABITE JUSTE AU BOUT DE LA RUE... TU PENSES QUE MA FAMILLE VA BIEN ?
EN TOUT CAS, ÇA NE SERT À RIEN D'IMAGINER LE PIRE TANT QUE TU N'AS PAS DE PREUVE. SINON, TU...
LA VACHE !
JE TE COUVRE !
KRAKK!
EEK !!
BON... ÇA VA ÊTRE DE PLUS EN PLUS DIFFICILE DE SORTIR D'ICI SANS BOBOS.
LE MIEUX SERAIT QUE TU TE PLANQUES ICI JUSQU'À LA FIN DES COMBATS. ATTENDS QUE ÇA SE CALME POUR RENTRER CHEZ TOI.
VOUS ÊTES SÛR QUE JE CRAINS RIEN LÀ-DESSOUS ?
SÛR ET CERTAIN.
CROIS-MOI. JE PASSE MA VIE SOUS LES VOITURES. C'ES SANS DANGER

BONNE CHANCE, PETITE.
MOI, JE VAIS M'ASSURER QUE TOUTES LES NANAS SOUS LEUR DOUCHE VONT BIEN.
KROOM!!
WHUDD!!
CHOOM!
TU PEUX SORTIR MAINTENANT. LES REBELLES SONT PARTIS.
PAS D'ÉGRATI-GNURES ?
N-NON.
TOUT VA BIEN.
C'EST CE MINUSCULE SUPER-HÉROS SUR MON ÉPAULE QUI M'A DIT DE ME METTRE LÀ.
SANS LUI, JE FINISSAIS ÉCRASÉE SOUS UN ROCHER.

HANK ?
NE ME REGARDE PAS COMME ÇA.
J'AI CONÇU UN NOUVEAU COSTUME D'ANT-MAN POUR LE S.H.I.E.L.D., MAIS DEPUIS QU'IL A ÉTÉ VOLÉ, JE N'AI...
À MOINS QUE...
EUH... À QUOI **RESSEMBLAIT** CE SUPER-HÉROS MINUSCULE ?
IL ÉTAIT ROUGE ET AVAIT DEUX BRAS MÉTALLIQUES.
DES ANTENNES QUI FAISAIENT PENSER À UNE **FOURMI**.
J'AI BESOIN D'UN **TÉLÉPHONE**.
ATTENDS, JE CROIS QUE STARK EN A INCORPORÉ UN SOUS LES **AISSELLES**.
T'ES SÛR QUE C'EST LUI ? SA DESCRIPTION CORRESPOND À CELLE D'ANT-MAN ? OK.
J'ARRIVE TOUT DE SUITE. ON DEVRAIT PARVENIR À REMONTER JUSQU'À LUI EN SUIVANT LES PARTICULES PYM.
JE N'OSE IMAGINER LES PLANS MACHIAVÉLIQUES QU'IL COMPTE RÉALISER GRÂCE À SON COSTUME. À NOUS DE L'ARRÊTER AVANT QU'IL NE SOIT TROP TARD !
NON LOIN DE LÀ, LE "PLAN MACHIAVÉLIQUE" D'ANT-MAN SE MET EN PLACE.
OÙ SONT LES FEEEMMES...!
FIN

RAMOS 06
delgado

C'est une habitude, en ce moment…
… de suivre les sirènes… ou les cris.
Très souvent dans ce quartier…
… c'est l'un ou l'autre.
DAREDE…
Ce quartier…
Mon quartier.
… VIL..!

Je reprends du service…
je suis à nouveau utile.
Je me sens à ma place.
IL A MORDU À L'APPÂT. IL A MORDU À L'APPÂT…
ALLEZ-Y…
APPÂT ?
Et pas un jour ne passe…
AH.
… sans qu'on me rappelle à quel point je suis rouillé.

DAREDEVIL, VOUS ÊTES EN ÉTAT D'ARRES-TATION POUR VIOLATION DE LA LOI DE RECENSE-MENT DES SUPER-HÉROS.
Et à quel point le monde a **changé.**

... ARRÊTEZ-LE, ARRÊTEZ-LE...
IL SE DIRIGE VERS LA RUE...

CESSEZ LE FEU ! **CESSEZ LE FEU !**
Il y a longtemps...
... je n'aurais jamais **imaginé** qu'on puisse se servir des civils comme **couverture...**

… mais la **guerre** change tout.
Elle change ce qu'on fait…
… à défaut de nous changer, **nous.**
PRINT ID MATCH
PRINT ID MATCH
THERMAL ID CONFIRMED
IDENTITY CONFIRMED
RAND, DANIEL
ACCESS GRANTED
VOUS AVEZ **UN** NOUVEAU MESSAGE.
DANNY, C'EST **JERYN.** ÉCOUTE, IL Y A UNE **GROSSE** AFFAIRE POUR NOUS CETTE SEMAINE, AVEC DE **GROS** MILLIARDS EN JEU…
C'EST GROS POUR MOI, POUR TOI. ET AUSSI POUR RAND… ET POUR TOUS LES CHINOIS, DANNY…
… ET TOUT LE MONDE ICI APPRÉCIERAIT QUE TU **T'INVESTISSES** ET QUE TU FASSES UNE APPARITION À LA **LIGNE D'ARRIVÉE**, MAIS…
NEECK
… DANNY, CE N'EST PAS COMME SI C'ÉTAIT UN SECRET, TU N'ES PAS VENU DEPUIS QUELQUES… ANNÉES…
ET SI TU T'ENGAGES DANS CETTE AFFAIRE…
… SOUVIENS-TOI DE **QUI TU ES…**

DE CE QUE TU FAIS...
... ET REDEVIENS TOI-MÊME.
NE FAIS PAS FOIRER CE COUP, DANNY.
Me souvenir de qui je suis, de ce que je fais.
Redevenir moi-même.
Très bien.

TU ES SÛR ? CE N'EST PAS UN FARDEAU ?
ÇA POURRAIT DURER PLUS QUE QUELQUES SEMAINES...
UN FARDEAU ? MATT... C'EST UN HONNEUR.
EN FAIT, MÊME SI ÇA SEMBLE TERRIBLE... ÇA M'A PLU.
SORTIR À NOUVEAU À L'AIR LIBRE. DÉMOLIR DES VILAINS...
PARFOIS, ON SE REFERME TELLEMENT SUR SOI QU'ON OUBLIE QU'ON N'EST PAS LES SEULS SUR SCÈNE.
ET MAINTENANT QUE DES TYPES COMME NOUS SONT TRAQUÉS... DES TYPES QUI ONT BESOIN DE LEUR IDENTITÉ SECRÈTE...
ENFIN, LUKE A TOUJOURS ÉTÉ LUKE, MAIS TOI ET MOI, NOUS AVONS CES AUTRES VIES, ET...
MATT ?
HEIN ? DÉSOLÉ... J'ÉTAIS AILLEURS. TU DISAIS QUE LE RAND JET NOUS ATTENDRAIT SUR LA PISTE, C'EST ÇA ?
IL SERA LÀ...
MAIS JE DISAIS QUE JE PEUX ASSUMER. JE CONTINUERAI À PORTER TON COSTUME...

"... JUSQU'À CE QUE TU N'AIES PLUS BESOIN DE MOI."
J'ai été entraîné... à être une **arme vivante...**
Devant moi, la bête appelée **Shou-Lao l'Immortel**, gît, battue... sa marque **s'imprimant** sur ma poitrine...
Et alors que je plonge mes mains dans son **cœur** brûlant et maudit...

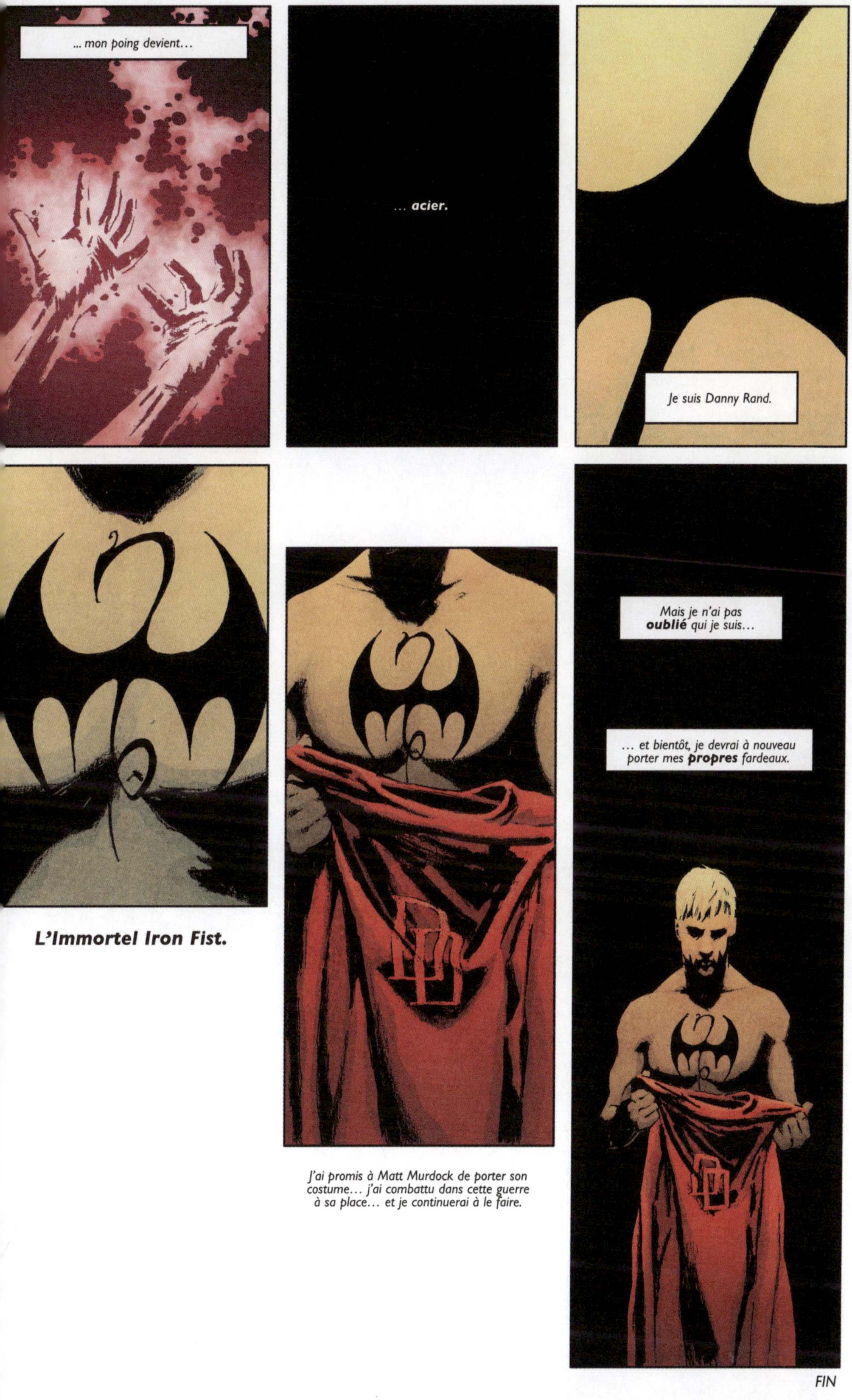
... mon poing devient...
... acier.
Je suis Danny Rand.
L'Immortel Iron Fist.
J'ai promis à Matt Murdock de porter son costume... j'ai combattu dans cette guerre à sa place... et je continuerai à le faire.
Mais je n'ai pas **oublié** qui je suis...
... et bientôt, je devrai à nouveau porter mes **propres** fardeaux.
FIN

RAMOS 06
delgado

OURD'HUI.
PHILADELPHIE... LA "VILLE DE L'AMOUR FRATERNEL..."
JE NE VEUX PLUS JAMAIS REVOIR CETTE VILLE.
N'EMPÊCHE QUE SI CES AGENTS DU S.H.I.E.L.D. RÉUSSISSENT À M'ATTRAPER, PHILADELPHIE POURRAIT BIEN ÊTRE MA DERNIÈRE VILLE CONNUE.
N PEU PLUS TÔT.
BYPASSING CERBERUS SECURITY CODES...

C'EST PAS MON JOUR...
JE POURSUIVAIS TRANQUILLEMENT L'HOMME POURPRE... ET ME VOILÀ MAINTENANT AVEC MES PROPRES HOMMES AUX TROUSSES.
TOUT ÇA PARCE QUE JE N'AI PAS RESPECTÉ LES ORDRES.
... ET ENFIN, VOICI UN MÉMO DU PRÉSIDENT, M. STARK.
MERCI... OH ! UNE DERNIÈRE CHOSE...
... DONNEZ AU CAPITAINE WALKER UN VRAI PASSE DE SÉCURITÉ.
JE NE VOUDRAIS PAS QU'IL SOIT VICTIME D'UN MALENTENDU.
ZUT !

LA VACHE ! LE S.H.I.E.L.D. ESSAYE DE DESCENDRE U.S. AGENT ! IL A SÛREMENT DÛ RALLIER LE CAMP DE CAPTAIN AMERICA !
AVEC CE REPORTAGE, C'EST L'EMMY ASSURÉ... RAPPROCHE-TOI !
PAS SI PRÈS !
ON VA S'ÉCRASER !!!
SHIELD
EN T'INVITANT, JE NE M'ATTENDAIS PAS À CE QUE TU FASSES UNE ENTRÉE AUSSI REMARQUÉE.
C'ÉTAIT JUSTE POUR TESTER VOTRE SERVICE DE SÉCURITÉ.
TU AS DES QUALITÉS, JOHN, MAIS ELLES SONT LIMITÉES.
N'EMPÊCHE QUE J'AI PU TROMPER LE S.H.I.E.L.D.
MAIS PAS MOI.
QU'IMPORTE. SOUS LES TRAITS D'U.S. AGENT, TU AS ÉTÉ TRÈS PRÉCIEUX DANS L'ARRESTATION DE PLUSIEURS CRIMINELS OPPOSÉS À LA LOI DE RECENSEMENT.
MAIS...
MAIS TU VAS BIENTÔT SERVIR TON PAYS D'UNE AUTRE MANIÈRE.

DÉSOLÉ POUR LE DÉRANGEMENT, LES MECS...
CHK
... MAIS VOTRE COUCOU VA S'ÉCRASER !
PAR ICI !
DE QUOI TU PARLES, STARK ? TU CHERCHES À TE DÉBARRASSER DE MOI ? APRÈS TOUT CE QUE...
SI C'ÉTAIT LE CAS, TU AURAIS DÉJÀ **DISPARU**.
IL SE TROUVE QUE TU ES LE MEILLEUR DANS TON DOMAINE.
JE NE T'AIME PAS, MAIS J'AI BEAUCOUP DE RESPECT POUR TOI.
ET JE NE VOIS QUE TOI POUR OCCUPER LE POSTE QUE JE M'APPRÊTE À TE CONFIER.
DIS-MOI, TU NE ME DRAGUERAIS PAS PAR HASARD ?
TU VAS REJOINDRE CETTE NOUVELLE DIVISION... LES ALPHA FLIGHT AU CANADA EN TANT QU'OFFICIER DE LIAISON AMÉRICAIN.

QU'EST-CE QUE TU FICHES ? LÂCHE ÇA ET FILONS D'ICI !
JE DOIS CONTRÔLER LA CHUTE DE L'HÉLICOPTÈRE... IL Y A DES GENS EN BAS !
KKKKRRSSSH!!!
WHAOU ! IL A RÉUSSI !
ÇA, C'EST POUR VOUS !
THUD!
SHIELD
JE LE SAVAIS ! ILS SONT SOUS L'EMPRISE DE L'HOMME POURPRE...
AU CANADA ? ALORS LÀ, TU PEUX TOUJOURS COURIR, STARK !
LE GOUVERNEMENT CANADIEN EST SUBMERGÉ PAR LES HORDES DE SUPER-VILAINS VENUS MASSIVEMENT DES ÉTATS-UNIS.
OR, LE CANADA FOURNIT 20 % DE NOTRE PÉTROLE. UNE BONNE PARTIE DE NOTRE ÉNERGIE ET DE NOS INFRASTRUCTURES SONT DIRECTEMENT LIÉES AU CANADA. PAR CONSÉQUENT, LA SÉCURITÉ DE NOTRE VOISIN EST LA PRIORITÉ Nº1 DU S.H.I.E.L.D.
NOUS COMPTONS SUR TOI POUR PROTÉGER NOS INTÉRÊTS.

OÙ SE CACHE-T-IL ?
PAR ICI, SOLDAT.
TE VOILÀ SOUS MON CONTRÔLE À PRÉSENT. TU DOIS TE DEMANDER CE QUE JE VAIS FAIRE DE TOI, N'EST-CE PAS ?
LIBÈRE TON ESPRIT.
JE VAIS M'EXILER AU NORD. TOUTE CETTE AFFAIRE ENTRE SUPER-HÉROS COMMENCE À M'AGACER. UNE FOIS DANS LE GRAND NORD, TOI ET TES AMIS NE POURREZ PLUS RIEN CONTRE MOI.
QUANT À TOI...
SI TU CROIS QUE JE VAIS TROQUER MA BANNIÈRE ÉTOILÉE CONTRE LEUR FEUILLE D'ÉRABLE À LA NOIX, TU TE TROMPES !
LES ORDRES SONT LES ORDRES, WALKER.
PAS CETTE FOIS, STARK ! MON BOSS À MOI, C'EST ONCLE SAM !
C'EST ÇA OU LA COUR MARTIALE, JOHN.
CHICHE !

... ESTIME-TOI HEUREUX QUE JE N'AIE PAS LE TEMPS DE M'AMUSER AVEC TOI AVANT DE TE TUER. J'AI UN AVION À PRENDRE.
DONNE-MOI TON BOUCLIER.
SAUTE.
YS

PLUS TARD...
CETTE CHUTE AURAIT TUÉ TOUT HOMME NORMALEMENT CONSTITUÉ. MAIS TU AS ÉTÉ SAUVÉ PAR TA SUPER-FORCE ET TON ENDURANCE EXCEPTIONNELLE.
OÙ EST PASSÉ L'HOMME POURPRE ?
TU NOUS L'AS RÉPÉTÉ JUSTE AVANT DE T'ÉVANOUIR.
DANS LE NORD ?
AU CANADA. ON A RETROUVÉ SON AÉROGLISSEUR PRÈS DES CHUTES DU NIAGARA...
MAUDIT STARK ! TU FINIS TOUJOURS PAR AVOIR CE QUE TU VEUX.
EXACT.
TA PROPOSITION... ELLE TIENT TOUJOURS ?
JE CROYAIS QUE ÇA NE T'INTÉRESSAIT PAS ?
CONTENTE-TOI DE M'ENVOYER AU CANADA.
NOUS SURVOLONS ACTUELLEMENT LE PAYS. UN AÉROGLISSEUR DU S.H.I.E.L.D. VA T'EMME...
J'EN AI ASSEZ DES AÉROGLISSEURS.
ALORS, PRENDS ÇA. JE PRÉVIENS LES SERVICES SECRETS CANADIENS.
HÉ, TÊTE DE FER...
MOTUS ET BOUCHE COUSUE, WALKER.
T'INQUIÈTE.
FI

RAMOS 06
delgado

LES RUES DE CLEVELAND...
JE T'ASSURE, BEV. LA BUREAUCRATIE N'APPORTE RIEN DE BON. C'EST UN MONDE D'ILLOGISME DONT PERSONNE NE SORT INTACT...
LE RECENSEMENT FAIT LOI. ON CHERCHE PAS LES ENNUIS. ET QUI SAIT, ON POURRAIT SE FAIRE UN PEU D'ARGENT... ON CRACHERA PAS DESSUS.
COIIIIN!
OH, TAIS-TOI, TU NE FAIS QUE "T'ENREGISTRER", TU TÉMOIGNES PAS DEVANT LE CONGRÈS. C'EST COMME UN PERMIS DE CONDUIRE... TU REJOINDRAS UNE LISTE DE LOYAUX SUPER-HUMAINS... MÉTAHUMAINS, OU, EUH... AMÉRICAINS NON HUMAINS...
VOUS VOUS FAITES APPELER COMMENT, CES TEMPS-CI ?
REJOINDRE ?! QUEL MOT IGNOBLE.
ET JE TE PARLE MÊME PAS DE "LOYAUX".
JE ME MÉFIE DE TOUT GROUPE QUI VEUT BIEN M'AVOIR COMME MEMBRE, BEV...
C'EST INDIGNE DE TOI DE PIQUER SES VANNES À GROUCHO, HOWARD.
EH, DÉJÀ, JE PEUX PLUS FUMER LE CIGARE...
JE ME SENS MIEUX QUAND LES GOUVERNEMENTS ET LES GRANDS DE CE MONDE M'IGNORENT, C'EST TOUT.
D'APRÈS CET ARTICLE, LES PLUS QUALIFIÉS REÇOIVENT UN SALAIRE SUBSTANTIEL ET UN ENTRAÎNEMENT DU S.H.I.E.L.D.
TU CROIS QU'ON AURA UNE CARTE BLEUE POUR S'ACHETER DES COSTUMES ET DES POMPES DE SUPER-HÉROS ?
BÂTIMENT FÉDÉRAL DE CLEVELAND
STATIONNEMENT INTERDIT MÊME POUR LES URGENCES SÉRIEUSEMENT, LE JUGE S'EN FICHERA, DE VOTRE EXCUSE
TU MAÎTRISES LE COUAC-FU. DONC T'AURAS PAS BESOIN DE T'ENTRAÎNER.
MAIS POUR ÊTRE FRANCHE, J'AI BESOIN DE ME MUSCLER LES CUISSES.
ON VEUT JUSTE ÉVITER LES ENNUIS ET LA PRISON, MIGNONNE. JE VEUX RETOURNER À MA VIE ÉPIQUE ET OBSCURE LE PLUS VITE POSSIBLE.
TAXI
GNA GNA GNA... JE DOUTE QU'IL Y AIT PLUS DE HUIT GARS DOUÉS DE SUPER-POUVOIRS DANS L'OHIO. ET T'EN AS TUÉ LA PLUPART AU COURS DES ANNÉES, ALORS...
ON SERA RESSORTIS DANS DIX MINUTES MAXI. ÇA PEUT PAS PRENDRE BIEN LONGTEMPS, SI ?

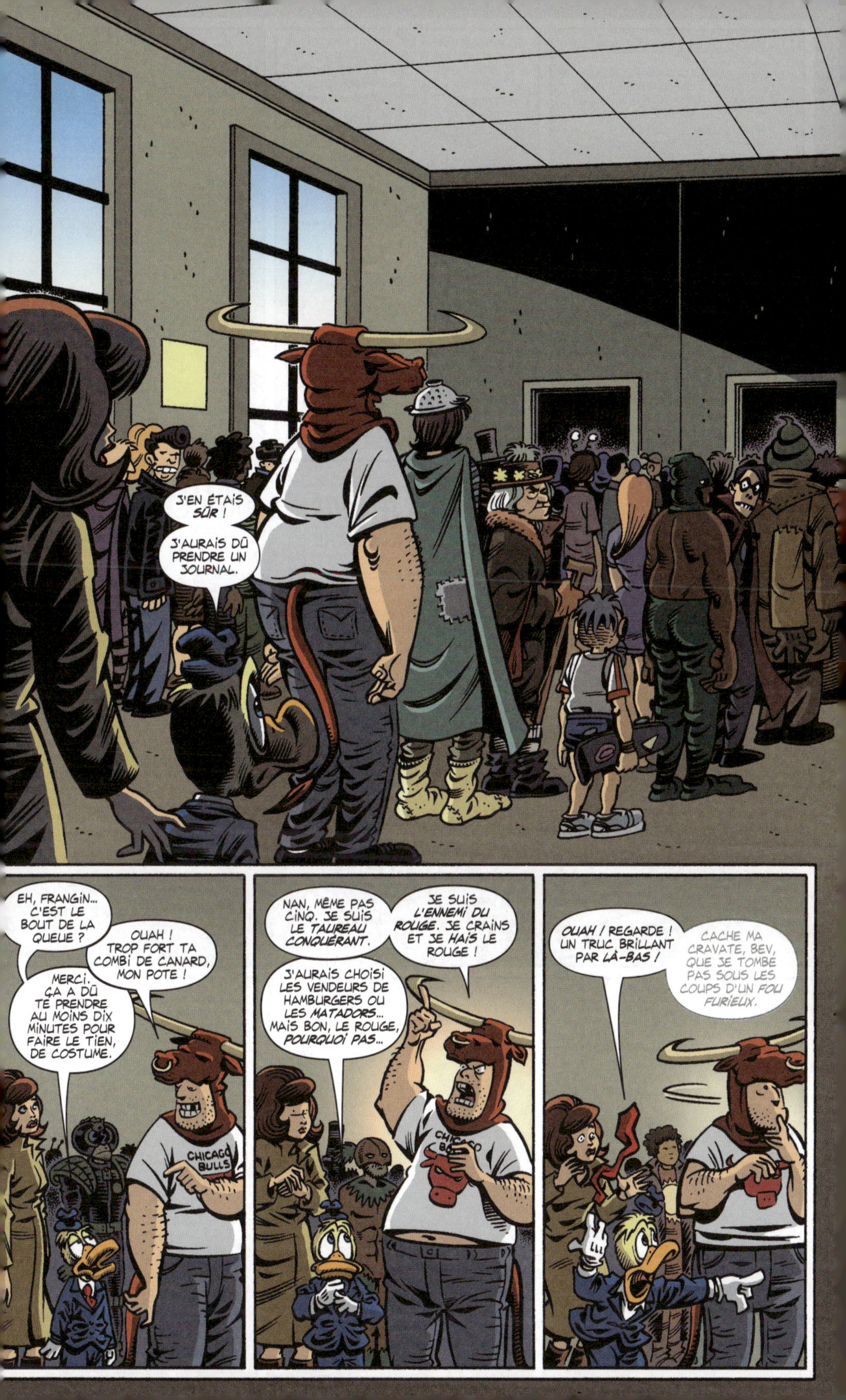
J'EN ÉTAIS SÛR !
J'AURAIS DÛ PRENDRE UN JOURNAL.
EH, FRANGIN... C'EST LE BOUT DE LA QUEUE ?
OUAH ! TROP FORT TA COMBI DE CANARD, MON POTE !
MERCI. ÇA A DÛ TE PRENDRE AU MOINS DIX MINUTES POUR FAIRE LE TIEN, DE COSTUME.
CHICAGO BULLS
NAN, MÊME PAS CINQ. JE SUIS LE *TAUREAU CONQUÉRANT*.
JE SUIS *L'ENNEMI DU ROUGE*. JE CRAINS ET JE *HAIS* LE ROUGE !
J'AURAIS CHOISI LES VENDEURS DE HAMBURGERS OU LES *MATADORS*... MAIS BON, LE ROUGE, *POURQUOI PAS*...
OUAH ! REGARDE ! UN TRUC BRILLANT PAR *LÀ-BAS* !
CACHE MA CRAVATE, BEV, QUE JE TOMBE PAS SOUS LES COUPS D'UN *FOU FURIEUX*.

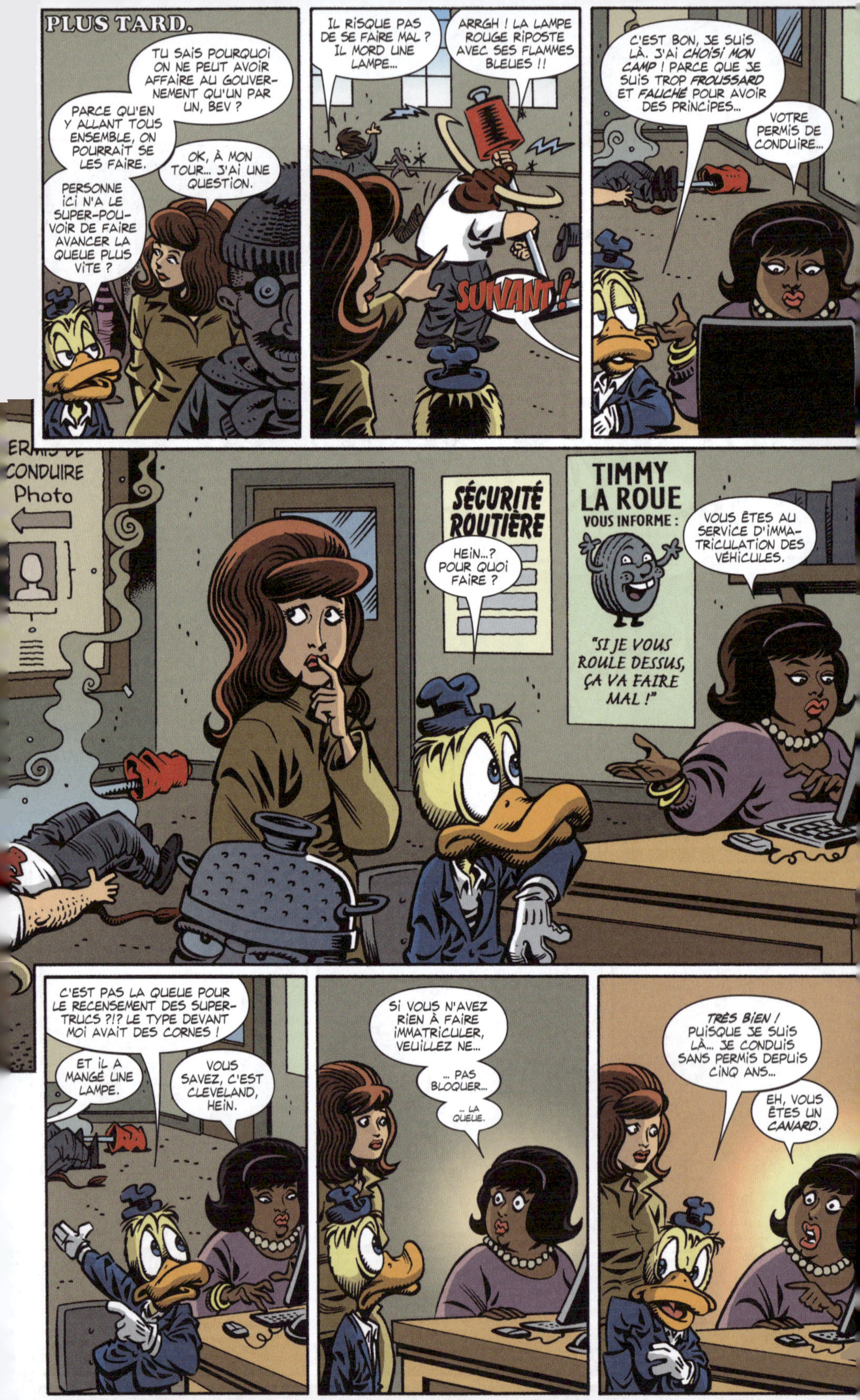
PLUS TARD.
TU SAIS POURQUOI ON NE PEUT AVOIR AFFAIRE AU GOUVERNEMENT QU'UN PAR UN, BEV ?
PARCE QU'EN Y ALLANT TOUS ENSEMBLE, ON POURRAIT SE LES FAIRE.
OK, À MON TOUR... J'AI UNE QUESTION.
PERSONNE ICI N'A LE SUPER-POUVOIR DE FAIRE AVANCER LA QUEUE PLUS VITE ?
IL RISQUE PAS DE SE FAIRE MAL ? IL MORD UNE LAMPE...
ARRGH ! LA LAMPE ROUGE RIPOSTE AVEC SES FLAMMES BLEUES !!
SUIVANT !
C'EST BON, JE SUIS LÀ. J'AI CHOISI MON CAMP ! PARCE QUE JE SUIS TROP FROUSSARD ET FAUCHÉ POUR AVOIR DES PRINCIPES...
VOTRE PERMIS DE CONDUIRE...
ERMIS DE CONDUIRE Photo
SÉCURITÉ ROUTIÈRE
TIMMY LA ROUE VOUS INFORME :
"SI JE VOUS ROULE DESSUS, ÇA VA FAIRE MAL !"
HEIN...? POUR QUOI FAIRE ?
VOUS ÊTES AU SERVICE D'IMMATRICULATION DES VÉHICULES.
C'EST PAS LA QUEUE POUR LE RECENSEMENT DES SUPER-TRUCS ?!? LE TYPE DEVANT MOI AVAIT DES CORNES !
ET IL A MANGÉ UNE LAMPE.
VOUS SAVEZ, C'EST CLEVELAND, HEIN.
SI VOUS N'AVEZ RIEN À FAIRE IMMATRICULER, VEUILLEZ NE...
... PAS BLOQUER...
... LA QUEUE.
TRÈS BIEN ! PUISQUE JE SUIS LÀ... JE CONDUIS SANS PERMIS DEPUIS CINQ ANS...
EH, VOUS ÊTES UN CANARD.

JE SUIS SÛR QUE C'EST TROP TARD, MAINTENANT... ON VA NOUS TRAQUER. ON EST DES FUGITIFS, LES ROBOTS D'IRON MAN SONT À NOS TROUSSES.
NON, NON... ON S'EST JUSTE TROMPÉS DE PORTE... C'EST LÀ-DERRIÈRE.
COMMENT ILS VEULENT QU'ON S'Y RETROUVE DANS CET ÉPUISANT DÉDALE DE COULOIRS ?
ILS DOIVENT PENSER QU'ON A LE POUVOIR MUTANT DE LA *LECTURE*.
RECENSEMENT DES SUPER-HÉROS PAR ICI →
TRANSFORMATION ACCIDENTELLE
2
POUVOIRS D'ORDRE TECHNOLOGIQUE
3
EXTRATERRESTRES
4
AUTRES
COIIIN !! ÇA COMMENCE ! DES *CATÉGORIES*. FAUT TOUJOURS QUE VOUS METTIEZ TOUT DANS DES CASES, BANDE DE SINGES IMBERBES.
DU CALME... BON, DUCKWORLD, C'EST UNE AUTRE *PLANÈTE* OU UNE AUTRE *DIMENSION*...? J'OUBLIE TOUT LE TEMPS... BREF, T'ES UN *EXTRATERRESTRE*, NON ?
TU DÉCONNES ?
J'AI ÉTÉ UN "AUTRE" TOUTE MA VIE, POUPÉE, ET J'EN SUIS *FIER* !

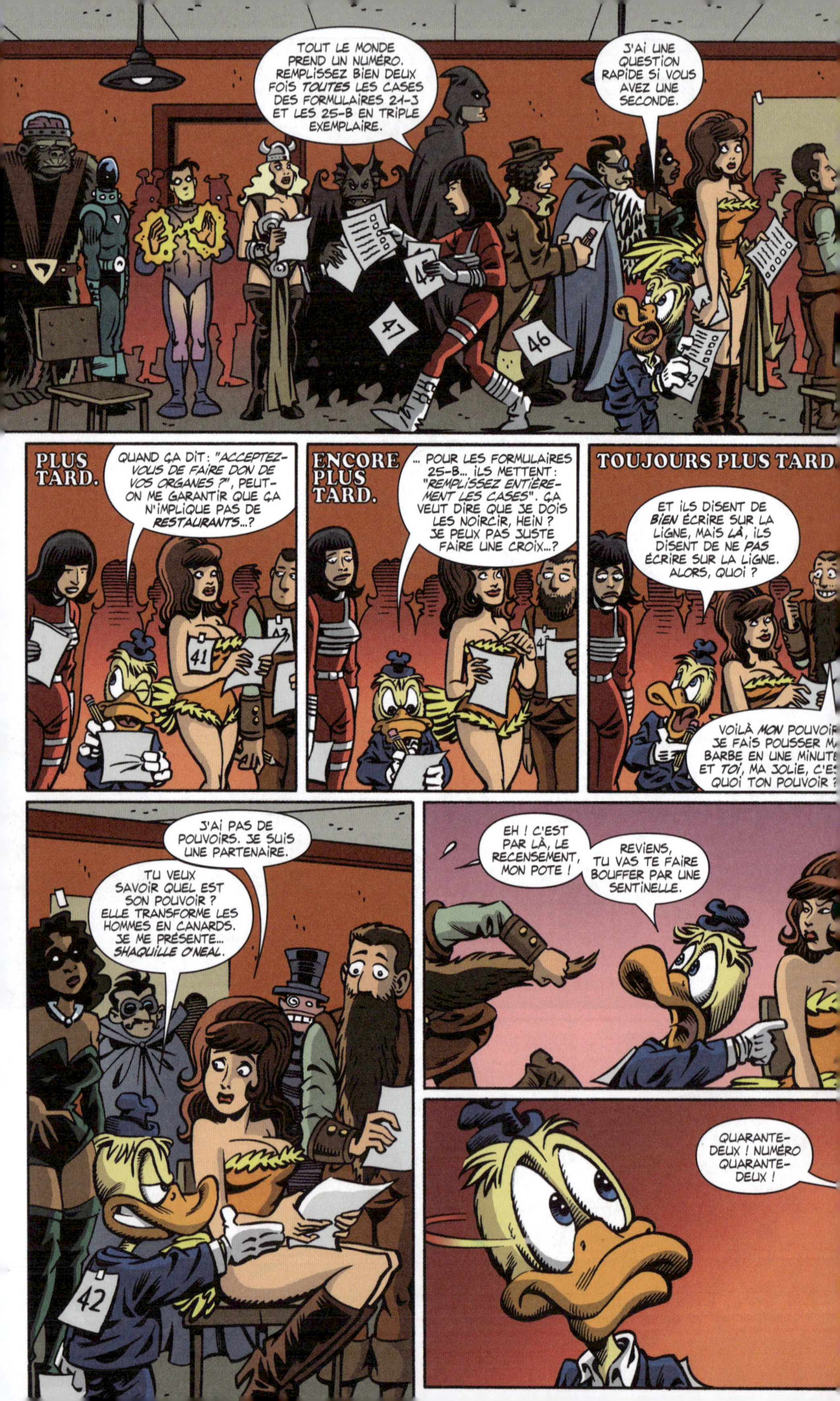

TOUT LE MONDE PREND UN NUMÉRO. REMPLISSEZ BIEN DEUX FOIS TOUTES LES CASES DES FORMULAIRES 21-3 ET LES 25-B EN TRIPLE EXEMPLAIRE.
J'AI UNE QUESTION RAPIDE SI VOUS AVEZ UNE SECONDE.
47
46
PLUS TARD.
QUAND ÇA DIT : "ACCEPTEZ-VOUS DE FAIRE DON DE VOS ORGANES ?", PEUT-ON ME GARANTIR QUE ÇA N'IMPLIQUE PAS DE RESTAURANTS... ?
41
ENCORE PLUS TARD.
... POUR LES FORMULAIRES 25-B... ILS METTENT : "REMPLISSEZ ENTIÈREMENT LES CASES". ÇA VEUT DIRE QUE JE DOIS LES NOIRCIR, HEIN ? JE PEUX PAS JUSTE FAIRE UNE CROIX... ?
TOUJOURS PLUS TARD.
ET ILS DISENT DE BIEN ÉCRIRE SUR LA LIGNE, MAIS LÀ, ILS DISENT DE NE PAS ÉCRIRE SUR LA LIGNE. ALORS, QUOI ?
VOILÀ MON POUVOIR JE FAIS POUSSER MA BARBE EN UNE MINUTE ET TOI, MA JOLIE, C'EST QUOI TON POUVOIR ?
J'AI PAS DE POUVOIRS. JE SUIS UNE PARTENAIRE.
TU VEUX SAVOIR QUEL EST SON POUVOIR ? ELLE TRANSFORME LES HOMMES EN CANARDS. JE ME PRÉSENTE... SHAQUILLE O'NEAL.
42
EH ! C'EST PAR LÀ, LE RECENSEMENT, MON POTE !
REVIENS, TU VAS TE FAIRE BOUFFER PAR UNE SENTINELLE.
QUARANTE-DEUX ! NUMÉRO QUARANTE-DEUX !

QUARANTE-DEUX ! C'EST NOUS ! MOI, C'EST HOWARD LE CANARD, ET VOICI BEV, MA PARTENAIRE... ON EST UNE ÉQUIPE, PAS LE DROIT DE NOUS SÉPARER. ELLE EST BUCKY, JE SUIS CAP. ELLE EST LE COCA, JE SUIS LE WHISKY...
42
PSSST. JE SUIS EXPERT EN COUAC-FU, MAIS ELLE, ELLE A PAS DE POUVOIR, SAUF SI ON PARLE DU TRUC OÙ LES POMPONS TOURNENT EN SENS OPPOSÉS... MAIS IL FAUT LA FAIRE BOIRE POUR VOIR ÇA.
FAITES PAS ATTENTION. JE SUIS BEVERLY SWITZER. BEV...
VOUS ÊTES UN CANARD...
ET VOUS UNE FONCTIONNAIRE. NE LAISSONS PAS NOS PRÉJUGÉS BARRER LA ROUTE À LA BIENSÉANCE.
J'APPELLE MON SUPERVISEUR.
VOUS ÊTES L'HOMME-CANARD. ON A TOUS ENTENDU PARLER DE VOUS.
AH... JE VOIS... LUI...
M. L'HOMME-CANARD... SAVEZ-VOUS CE QUE C'EST ?
C'EST VOTRE DOSSIER OFFICIEL...
WOW... ÇA A L'AIR DE COUVRIR DES ANNÉES.
NON, UN MOIS. C'EST UN SEUL MOIS DU DOSSIER DE L'HOMME-CANARD.

DEPUIS QUE J'AI ÉTÉ NOMMÉ DIRECTEUR DES AFFAIRES SUPER-HUMAINES DU S.H.I.E.L.D. POUR L'OHIO IL Y A QUATRE ANS, *CHAQUE* MOIS NOUS RECEVONS PLUS DE TROIS CENTS TÉMOIGNAGES DE GENS AYANT VU LE CÉLÈBRE *"HOMME-CANARD DE CLEVELAND"*.
L'HOMME-CANARD CONDUIT UN TAXI... L'HOMME-CANARD INSULTE UN VENDEUR DE HOT-DOGS... L'HOMME-CANARD POURSUIT DES STRIP-TEASEUSES ET TAGUE DES ARRÊTS D'AUTOBUS... DES DIZAINES DE RAPPORTS, *CHAQUE JOUR !*
ET À CHAQUE FOIS, NOUS DISONS AUX TÉMOINS QU'ILS SONT IVRES, OU DÉRANGÉS, ET NOUS JETONS LES DOSSIERS À LA POUBELLE À LA FIN DU MOIS... ET PUIS, ÇA RECOMMENCE.
IL Y A UN AN, QUATRE MOIS ET HUIT JOURS, CE BUREAU A ADOPTÉ COMME POSITION OFFICIELLE QUE VOUS N'EXISTIEZ PAS. ÇA NOUS ÉCONOMISE DU TEMPS ET DE L'ÉNERGIE !
EH BIEN PRENDS-TOI LA RÉALITÉ DANS LA FIGURE, MON POTE.
JE SUIS *LÀ*... J'AI DES *PLUMES*... FAUT T'Y *FAIRE*.
NUL BESOIN DE M'Y FAIRE.
JE *SAIS* QUE VOUS EXISTEZ, DEPUIS SIX MOIS.
QUOI ?!?
OH, OUI. VOUS AVEZ FAILLI ME RENVERSER AVEC VOTRE TAXI... ET VOUS AVEZ ÉTÉ SI *GROSSIER* QU'À CET INSTANT PRÉCIS, J'AI DÉCIDÉ QUE VOUS NE MÉRITIEZ *PAS* VOTRE PLACE DANS L'UNIVERS, QUEL QUE SOIT LE *NOMBRE* DE PERSONNES AFFIRMANT VOUS AVOIR VU...
... MOI Y COMPRIS.
ON A DONC CONTINUÉ À DIRE AUX GENS QU'ILS ÉTAIENT SAOULS OU FOUS.
C'EST LA POSITION *OFFICIELLE* DU GOUVERNEMENT.
COIIIN ! ON N'IGNORE PAS LA RÉALITÉ POUR *SATISFAIRE* UNE POSITION OFFICIELLE ! *J'EXISTE* ET VOUS NE M'ENLÈVEREZ PAS MON STATUT DE PERSONNE !
VOUS N'ÊTES *PAS* UNE PERSONNE.
MAIS UN *CANARD*.

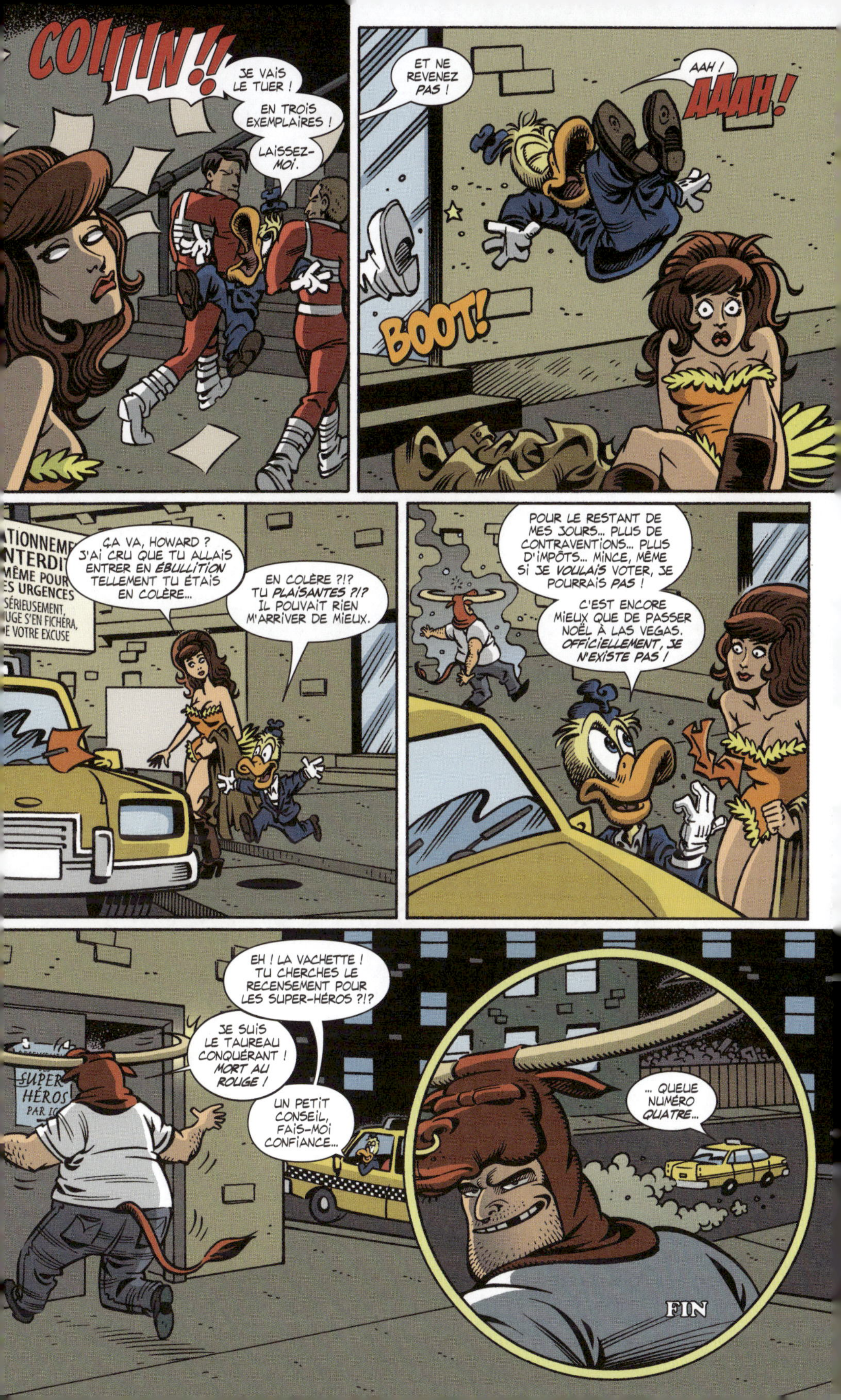
COIIIIN !!
JE VAIS LE TUER !
EN TROIS EXEMPLAIRES !
LAISSEZ-MOI.
ET NE REVENEZ PAS !
AAH !
AAAH !
BOOT !
STATIONNEMENT INTERDIT MÊME POUR LES URGENCES SÉRIEUSEMENT, JUGE S'EN FICHERA, DE VOTRE EXCUSE
ÇA VA, HOWARD ? J'AI CRU QUE TU ALLAIS ENTRER EN ÉBULLITION TELLEMENT TU ÉTAIS EN COLÈRE...
EN COLÈRE ?!? TU PLAISANTES ?!? IL POUVAIT RIEN M'ARRIVER DE MIEUX.
POUR LE RESTANT DE MES JOURS... PLUS DE CONTRAVENTIONS... PLUS D'IMPÔTS... MINCE, MÊME SI JE VOULAIS VOTER, JE POURRAIS PAS !
C'EST ENCORE MIEUX QUE DE PASSER NOËL À LAS VEGAS. OFFICIELLEMENT, JE N'EXISTE PAS !
EH ! LA VACHETTE ! TU CHERCHES LE RECENSEMENT POUR LES SUPER-HÉROS ?!?
JE SUIS LE TAUREAU CONQUÉRANT ! MORT AU ROUGE !
SUPER HÉROS PAR ICI
UN PETIT CONSEIL, FAIS-MOI CONFIANCE...
... QUEUE NUMÉRO QUATRE...
FIN

THE RETURN
A MARVEL COMICS EVENT

CIVIL WAR

CIVIL WAR: THE RETURN (2007) 1
Couverture : **ED McGUINNESS**

BREEET! BREEET! BREEET! BREEET! BREEET
"L'ÎLE FANTASTIQUE", PRISON HAUTE SÉCURITÉ DE LA ZONE NÉGATIVE.
... L'ENCEINTE EXTÉRIEURE A CÉDÉ...
... IL EST DEMANDÉ À L'ENSEMBLE DU PERSONNEL DE QUITTER LES LIEUX IMMÉDIATEMENT...
... L'ENCEINTE EXTÉRIEURE A CÉDÉ...
... IL EST DEMANDÉ À L'ENSEMBLE DU PERSONNEL DE QUITTER LES LIEUX IMMÉDIATEMENT...
M. LE DIRECTEUR ?
EUH...
... IL ME FAUT UNE RÉPONSE. NOUS AVONS PERDU TOUT CONTRÔLE... TOUS LES PRISONNIERS SE SONT ÉVADÉS ET NOTRE SYSTÈME DE SÉCURITÉ EST HORS SERVICE.
QUE VAIS-JE DIRE À MES HOMMES ?
JE RÉFLÉCHIS.

NOUS FLIRTONS AVEC LE POINT DE NON-RETOUR. NOUS AVONS PERDU TOUT CONTACT AVEC L'UNIVERS DE LA MATIÈRE POSITIVE ET TOUTES NOS SORTIES DE SECOURS ONT EXPLOSÉ.
NOS CLOCS SONT H.S... ET TOUT LE PÉRIMÈTRE EST MENACÉ.
SI NOUS RESTONS LES BRAS CROISÉS, NOUS ALLONS DÉRIVER DANGEREUSEMENT VERS LES EXPLOSIFS ET C'EST LA MORT ASSURÉE.
AVEC TOUT LE RESPECT QUE JE VOUS DOIS, JE PENSE QUE VOUS SOUS-ESTIMEZ LA **GRAVITÉ** DE LA SITUATION. VOUS ÊTES NOTRE SEUL ESPOIR...
SI VOUS N'AGISSEZ PAS RAPIDEMENT, JE PEUX DIRE ADIEU À MES 300 HOMMES...
MONSIEUR...?
LAISSEZ-MOI **SEUL** QUELQUES MINUTES. IL FAUT QUE JE **RÉFLÉCHISSE**.

L'HEURE N'EST PAS ENCORE VENUE.

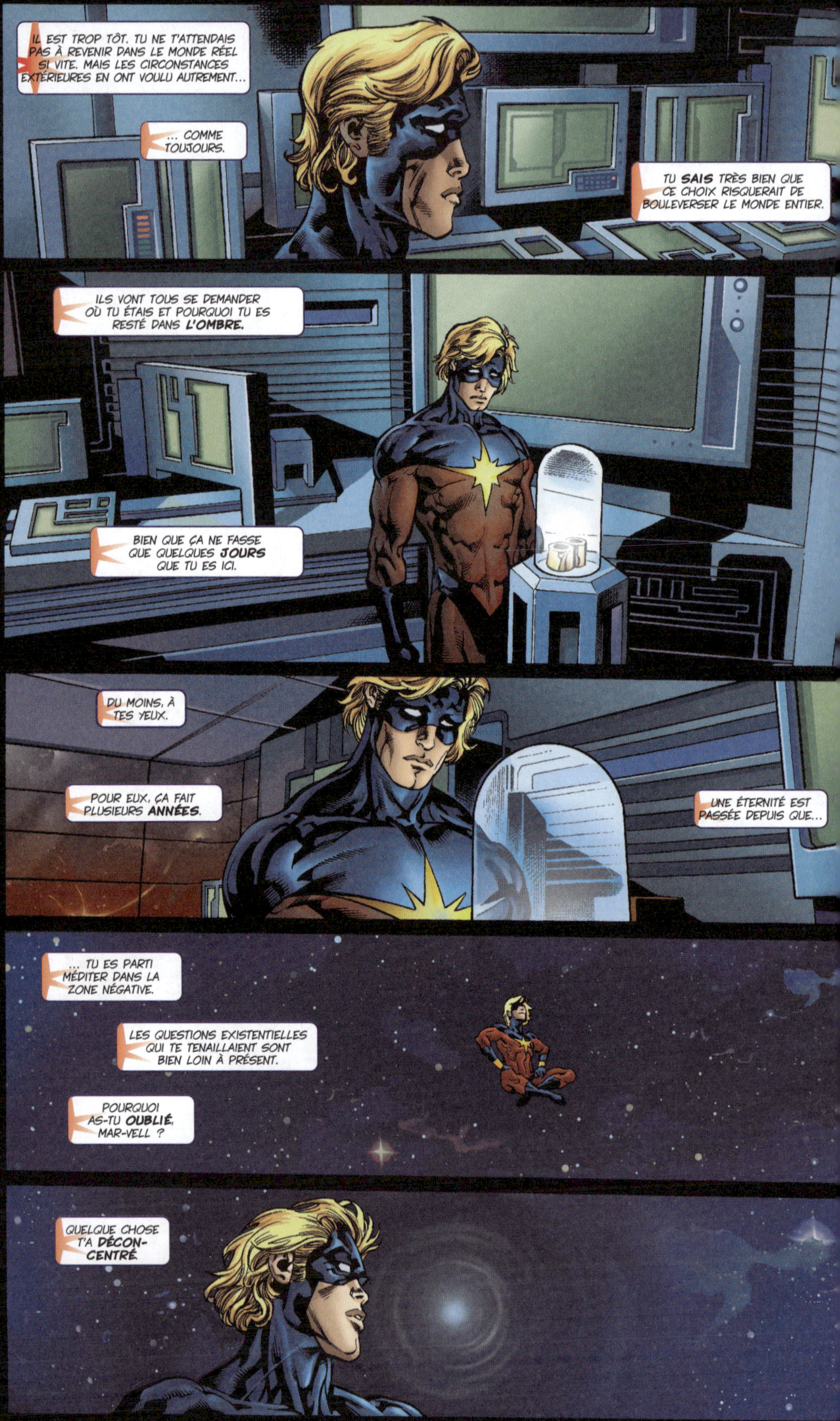
IL EST TROP TÔT. TU NE T'ATTENDAIS PAS À REVENIR DANS LE MONDE RÉEL SI VITE. MAIS LES CIRCONSTANCES EXTÉRIEURES EN ONT VOULU AUTREMENT...
... COMME TOUJOURS.
TU SAIS TRÈS BIEN QUE CE CHOIX RISQUERAIT DE BOULEVERSER LE MONDE ENTIER.
ILS VONT TOUS SE DEMANDER OÙ TU ÉTAIS ET POURQUOI TU ES RESTÉ DANS L'OMBRE.
BIEN QUE ÇA NE FASSE QUE QUELQUES JOURS QUE TU ES ICI.
DU MOINS, À TES YEUX.
POUR EUX, ÇA FAIT PLUSIEURS ANNÉES.
UNE ÉTERNITÉ EST PASSÉE DEPUIS QUE...
... TU ES PARTI MÉDITER DANS LA ZONE NÉGATIVE.
LES QUESTIONS EXISTENTIELLES QUI TE TENAILLAIENT SONT BIEN LOIN À PRÉSENT.
POURQUOI AS-TU OUBLIÉ, MAR-VELL ?
QUELQUE CHOSE T'A DÉCON-CENTRÉ.

UNE MINUSCULE ANOMALIE... UN FAUX PLI DU TISSU SPATIO-TEMPOREL.
TITILLÉ PAR LA CURIOSITÉ, TU N'AS PU T'EMPÊCHER DE MENER L'ENQUÊTE.
UN MINCE FILET D'ÉNERGIE S'EST MIS À PARCOURIR TES NÉGA-BANDES.
LE GENRE DE PHÉNOMÈNE QUI FINIT TOUJOURS PAR **MODIFIER** LA NATURE MÊME DE L'UNIVERS.
UHH...

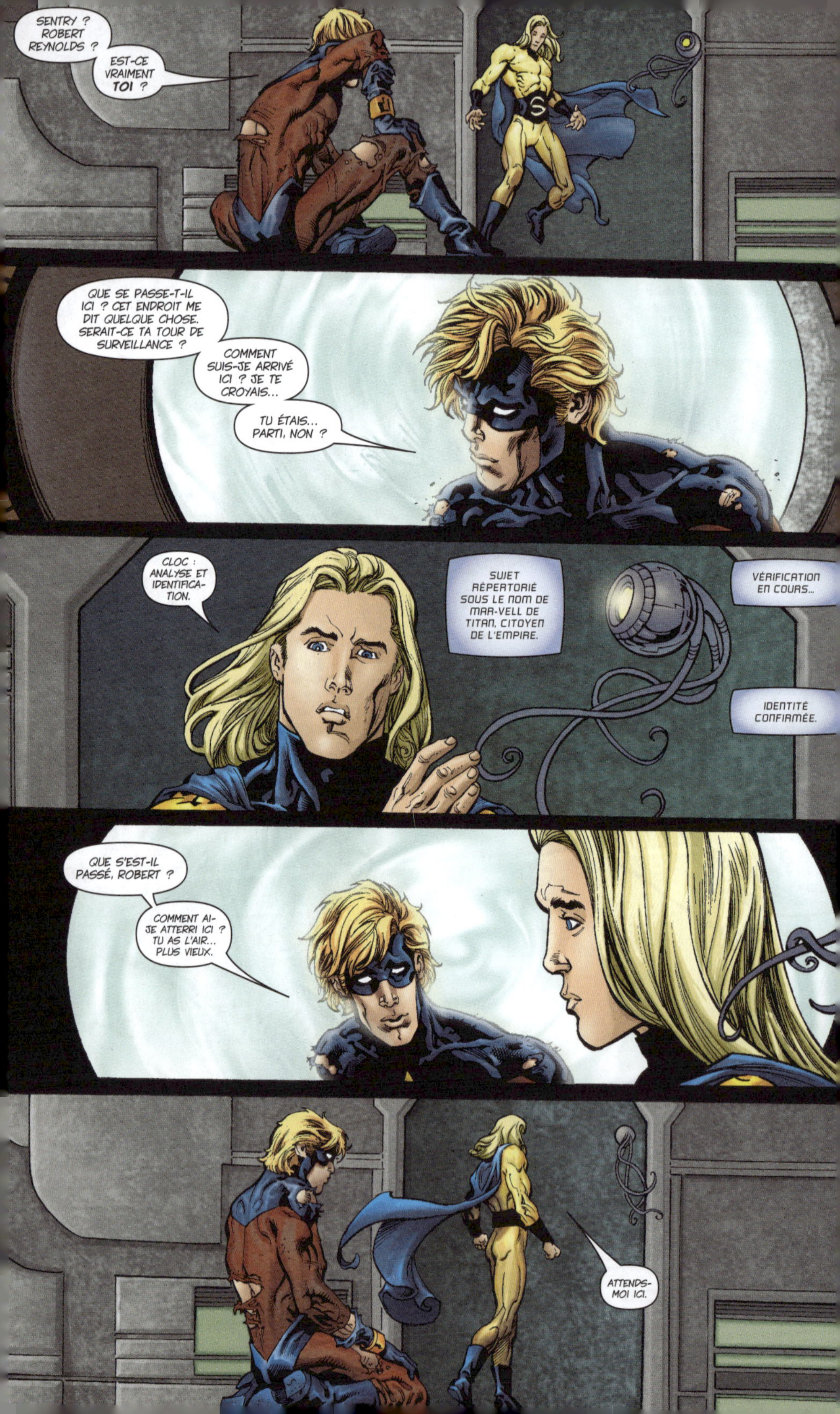
SENTRY ? ROBERT REYNOLDS ?
EST-CE VRAIMENT TOI ?
QUE SE PASSE-T-IL ICI ? CET ENDROIT ME DIT QUELQUE CHOSE. SERAIT-CE TA TOUR DE SURVEILLANCE ?
COMMENT SUIS-JE ARRIVÉ ICI ? JE TE CROYAIS...
TU ÉTAIS... PARTI, NON ?
CLOC : ANALYSE ET IDENTIFICA-TION.
SUJET RÉPERTORIÉ SOUS LE NOM DE MAR-VELL DE TITAN, CITOYEN DE L'EMPIRE.
VÉRIFICATION EN COURS...
IDENTITÉ CONFIRMÉE.
QUE S'EST-IL PASSÉ, ROBERT ?
COMMENT AI-JE ATTERRI ICI ? TU AS L'AIR... PLUS VIEUX.
ATTENDS-MOI ICI.

IL EST REVENU QUELQUES MINUTES PLUS TARD ACCOMPAGNÉ D'**IRON MAN** ET DE **MISTER FANTASTIC**.
SURPRIS SUR LE MOMENT, ILS N'ONT PU CACHER UNE POINTE DE MÉLANCOLIE.
DURANT UNE BONNE DIZAINE DE MINUTES, ILS SONT RESTÉS SANS DIRE UN MOT.
DU MOINS, PAS À **TOI**.
MAR-VELL... NOUS ALLONS TE POSER SANS DOUTE LA QUESTION LA PLUS IMPORTANTE DE TA VIE.
IL ÉTAIT TEMPS.
MARRANT... LEUR QUESTION PORTAIT JUSTEMENT LÀ-DESSUS... LE TEMPS.
EN EFFET, TU AVAIS ACCIDENTELLEMENT ENFREINT LES LOIS DE L'ESPACE-TEMPS.
EN TENTANT DE CRÉER LEUR PORTAIL VERS LA ZONE NÉGATIVE, ILS T'ONT RAMENÉ À LEUR ÉPOQUE PAR HASARD.
ET D'APRÈS EUX, LE TEMPS PRESSAIT.
QUELQUE CHOSE D'INCROYABLE VENAIT DE SE PRODUIRE CHEZ EUX.
UN ÉVÉNEMENT SI MONUMENTAL QU'IL LES A POUSSÉS À ME FAIRE UNE LOURDE PROPOSITION.
NOUS VOULONS QUE TU **RESTES** DANS LA ZONE NÉGATIVE...
... POUR DIRIGER CES INSTALLATIONS.

JE COMPRENDS LES PROBLÈMES EXISTENTIELS QUI SE POSENT EN DEHORS DE MON ÉPOQUE, ROBERT. TOUTEFOIS, UNE QUESTION ME TARAUDE...
POURQUOI NE FAITES-VOUS PAS APPEL AU MAR-VELL DE **VOTRE** ÈRE ?
MON VIEIL AMI MAR... L'HISTOIRE VEUT QUE TU RETOURNES À TON ÉPOQUE QUELLE QUE SOIT TA DÉCISION. COMMENT TE DIRE...
JE SUIS **MORT**, N'EST-CE PAS ?
TU SAIS QUE JE NE PEUX RÉPONDRE À CETTE QUESTION.
COMMENT EST-CE ARRIVÉ ?
EXPLIQUE-MOI, ROBERT.
SEULEMENT SI NOUS POUVONS COMPTER SUR TOI... J'AI **BESOIN** DE TOI, MAR.
QUELQUE CHOSE DE FOU M'EST ARRIVÉ DEPUIS NOTRE DERNIÈRE RENCONTRE. JE SUIS UNE BOMBE AMBULANTE SUR LE POINT D'EXPLOSER.
TU ES LE SEUL ÊTRE QUE JE CONNAISSE CAPABLE D'EMPÊCHER CETTE CATASTROPHE.
COMMENT SUIS-JE MORT ? JE VEUX SAVOIR.
ET MON **ELYSIUS**... EST-ELLE EN VIE ?
RÉPONDS-MOI, **ROBERT** !
JE T'EN PRIE, MAR-VELL.
NOUS N'AVONS JAMAIS ÉTÉ AUSSI DÉSESPÉRÉS.

TU ES RESTÉ AVEC EUX... ET TU AS APPRIS LA VÉRITÉ.
C'EST LE CANCER QUI T'A TUÉ. TU AS ÉTÉ EXPOSÉ À UN GAZ NEUROTOXIQUE LORS DE TON COMBAT CONTRE CE FORCENÉ DE NITRO.
LE PRINCIPAL RESPONSABLE DU DRAME DE STAMFORD QUI A FAIT 612 VICTIMES.
LA MALADIE A FINI PAR MONTRER SES PREMIERS SIGNES.
LES KREES APPELAIENT ÇA **LA MORT NOIRE**.
UN MAL PROPREMENT INCURABLE.
TU T'ES RÉCONCILIÉ AVEC TES ENNEMIS, TES AMIS...
... TA BELLE ELYSIUS...
... SANS OUBLIER DIEU.
TU ES MORT SUR TITAN SUR LES COUPS DE MINUIT, ENTOURÉ DE CEUX QUI TE CHÉRISSAIENT TANT.

L'ENCEINTE DE LA PRISON DE LA ZONE NÉGATIVE NE VA PAS TARDER À CÉDER.
TU AS LA RESPONSABILITÉ DE SAUVER DES VIES. TU VAS DEVOIR RETOURNER **À L'EXTÉRIEUR**.
LE MONDE EST SUR LE POINT DE CHANGER : LES HÉROS SONT DIVISÉS.
FINI L'ANONYMAT.
TOUT EST DIFFÉRENT.
BEAUCOUP NOUS ONT QUITTÉS. D'AUTRES, COMME TOI, SONT RESSUSCITÉS.
ILS ONT **BESOIN** DE TOI.

ALORS POURQUOI TANT D'HÉSITATION ?
COMMENT POURRAIS-TU REFUSER ?
TOI, TU L'AS VUE DANS TON ESPACE-TEMPS IL Y A QUATRE JOURS À PEINE.
ELLE, ELLE T'A VU MOURIR IL Y A UNE ÉTERNITÉ.
ET SI ELLE REFUSAIT D'ADMETTRE QUE C'ÉTAIT TOI ? ET SI ELLE AVAIT ÉPOUSÉ UN AUTRE ?
COMMENT COMPTES-TU LUI EXPLIQUER QUE TU AS HÂTE DE LA REVOIR...
... MAIS QUE TU N'AS JAMAIS EU AUSSI PEUR DE TA VIE ?
ET SI ELLE ACCEPTAIT DE TE **REPRENDRE** ?
CONSCIENTE QU'UNE ÉPÉE DE DAMOCLÈS FLOTTE AU-DESSUS DE TA TÊTE À CAUSE DU MAL QUI RONGE TES CELLULES ?

QUELLE IRONIE DU SORT, CAPTAIN MARVEL. LE DESTIN T'A SORTI DU PASSÉ POUR REMPLIR UN DEVOIR QUE TU AURAIS PU FACILEMENT LAISSER À D'AUTRES.
TU SAIS TRÈS BIEN COMBIEN DE TEMPS IL TE RESTE À VIVRE.
LE CANCER FINIRA PAR TE TUER DANS D'ATROCES SOUFFRANCES.
TU PEUX DÉJÀ RÉGLER LA DATE ET L'HEURE DE TA MORT.
TOUTEFOIS...
... LE POIDS DES RESPONSA-BILITÉS ÉTOUFFE LA DOULEUR.
IL EST TEMPS DE PASSER À L'ACTION.

SE PRÉSENTE À TOI UNE OCCASION UNIQUE...
... DE LAISSER UNE PREMIÈRE IMPRESSION...
... À TON DEUXIÈME PASSAGE.

IL Y A QUELQUES ANNÉES, TU AS DÛ PRENDRE UNE DÉCISION QUI A CHANGÉ LA FACE DU MONDE.
TU AS CHOISI DE DEVENIR UN **HÉROS**.
"CONTRER LE POISON. ÊTRE DU CÔTÉ DE LA PURETÉ."
LES MOTS RÉSONNENT DANS TON ESPRIT COMME DES CRIS DANS LA NUIT.

TE VOILÀ CONFRONTÉ AUJOURD'HUI À UN NOUVEAU DILEMME : QUEL **GENRE** DE HÉROS SERAS-TU ?
RECENSÉ... OU NON ?
TU SAVAIS QUE CE JOUR FINIRAIT PAR ARRIVER.
SEULEMENT, TU NE LE VOYAIS PAS DÉBUTER DE CETTE **MANIÈRE**.

CLOC : LOCALISATION DE LA CIBLE ET IDENTIFICATION…
IMPOSSIBLE, SENTRY. LA CIBLE EST INDÉTECTABLE.
ANALYSE ET PROPOSITION.
D'APRÈS MES CALCULS DE PROBABILITÉ, LE SUJET A ASSIMILÉ VOTRE CAPACITÉ À RESTER INVISIBLE EN RÉFLÉCHISSANT LA LUMIÈRE ET LES RAYONS…
IL AGIT PAR **MIMÉTISME** ?
C'EST TRÈS PROBABLE.
C'EST TROP **CALME**.
PAR RAPPORT À QUOI ?
À RIEN. JE DISAIS ÇA COMME ÇA.
REVÉRIFIE LA PORTÉE DES ÉMISSIONS LUMINEUSES.
JE SUIS PERSUADÉ QU'IL EST DANS LES **PARAGES**.

KWAM
KRSH
AH, VRAIMENT JE VOUS ADORE, LES MECS. C'EST PLUS FORT QUE VOUS.
JE VOUS AVAIS DIT DE NE PAS ME TOUCHER.
EN T'ASSÉNANT UN COUP DE PIED DANS LA CAROTIDE, JE FAIS PLUS QUE TE "TOUCHER", CREEL.

TU TE CROIS MALIN, HEIN ?
N'EMPÊCHE QUE JE SUIS CAPABLE DE FAIRE TOUT CE QUE **TU** PEUX FAIRE.
ET ÇA, C'EST VRAIMENT G... UFF!
WHOOOM
$2.59 9/10
$2.79 9/10
$2.99 9/10
$2.59 9/10

JAMAIS JE N'AI RESSENTI D'ÉNERGIE AUSSI ÉNORME. QUEL PETIT CACHOTTIER TU FAIS, SENTRY.
TÂCHONS D'EN PROFITER TANT QU'IL EST ENCORE **TEMPS**...
CHOISIS LA MEILLEURE STRATÉGIE À ADOPTER, CLOC.
IMPOSSIBLE POUR LE MOMENT. CET HOMME-ABSORBANT DISPOSE DES MÊMES CARACTÉRISTIQUES PHYSIQUES QUE VOUS ET GAGNE EN PUISSANCE À CHACUNE DE VOS RENCONTRES.
CREEL SOUFFRE DE PARANOÏA AIGUË. EN RAISON DE SES TROUBLES DU COMPORTEMENT, IL EST SUSCEPTIBLE DE METTRE EN DANGER LA VIE DE MILLIONS DE PERSONNES.
PRIORITÉ ALPHA : EMPÊCHER LA CIBLE DE CAUSER DES DÉGÂTS PLUS IMPORTANTS.
JE LE TIENS !
MAINTENEZ LE CONTACT PHYSIQUE LE TEMPS DE CALCULER LES ALGORITHMES DE SIMULATION TACTIQUE.
BAM
UH... FACILE À DIRE, CLOC...

QUEL **PIED** !
≶EHH≶
VOILÀ DONC CE QUE RESSENTENT LES DIEUX ?
PLUS OU MOINS.
IMAGINE LE CARNAGE QUE TU POURRAIS CAUSER...
... SI C'ÉTAIT TOUS LES JOURS COMME ÇA.
COMMENT AS-TU PU DÉCROCHER D'UNE DROGUE PAREILLE ?
LE VRAI POUVOIR CONSUME SON PROPRIÉTAIRE. ET ÇA, TU NE LE COMPRENDRAS JAMAIS.
≶MFF≶
C'EST CE QUI NOUS **DIFFÉRENCIE**.
RIEN DE TEL QUE LE **POUVOIR**, MEC.
S'IL T'EN RESTE UN PEU... **LIBÈRE-LE !**
DERNIER AVERTISSEMENT.
≶**HUFF**≶
RENDS-TOI IMMÉDIATEMENT OU SUBIS-EN LES CONSÉQUENCES.
UNE CHIQUENAUDE POUR **AVERTISSEMENT** ?
HA!
HÉ HÉ... COMMENT VEUX-TU BLESSER TON **DOUBLE**, IDIOT ?

SORS DE MON ESPRIT.
WHAOU... QU'EST-CE QUI EST ARRIVÉ À TON **CERVEAU** ?
COMMENT FAIS-TU POUR VIVRE AVEC UN TEL BORDEL DANS LA TÊTE ?
TU NE VOIS QUE LES PIÈCES QUE JE **VEUX** BIEN TE MONTRER.
CROIS-MOI, CARL... MIEUX VAUT QUE TU SORTES DE LÀ.
TU VAS PERDRE, SENTRY... HCCH... PLUS TU TE BATS, PLUS J'ABSORBE.
C'EST BIEN POUR ÇA QUE JE ME **RETENAIS**.
EN FAIT, TU NE COMPRENDS **RIEN** AU POUVOIR.
TU N'AS PAS ÉTÉ CAPABLE D'ABSORBER L'ÉNERGIE D'UNE SIMPLE PLANÈTE.
VOYONS COMMENT TU RÉAGIS À LA PUISSANCE D'UN MILLION DE SOLEILS EXPLOSIFS.

JE T'ATTENDS, VIEUX...
... HMM...
... ÇA FAIT DU BIEN...
... C'EST...
... UHH...
.... AT-TENDS...
... OKK...
NN-AHHW ! ÇA ME BRÛLE LES NERFS ! NNAAHHH !
PITIÉ... POUR L'AMOUR DE DIEU...
... ARRÊTE ÇA...
CREEL A FONDU SOUS LA PUISSANCE DU MILLION DE SOLEILS EXPLOSIFS... ATOMISÉ... IL EST DEVENU PHOTONS... NEUTRONS... PUIS VENT SOLAIRE.
TU SAIS POURTANT QU'IL REVIENDRA.

MAIS DANS QUEL TYPE DE MONDE RÉAPPARAÎTRA-T-IL ?
ET TOI, SENTRY ? OÙ SERAS-TU ?
COMBIEN DE FOIS AURAS-TU SAUVÉ LA PLANÈTE ?
DOOM
QUI SAIT SI TU NE SERAS PAS RESPONSABLE DE SA **DESTRUCTION** ?

C'EST BIEN POUR ÇA QUE TU ES LÀ AUJOURD'HUI.
POUR PROTÉGER L'HUMANITÉ.
DING
OUI... UNE SECONDE.
BON, JE S...
LA VACHE...
BONJOUR.
JE M'APPELLE SENTRY.
J'AIMERAIS DÉCLARER MES POUVOIRS ET MON IDENTITÉ AUPRÈS DES AUTORITÉS.
FIN

CIVIL WAR: THE RETURN (2007) 1
Couverture variante : **ED McGUINNESS**

DÉJÀ DISPONIBLES

MARVEL ANTHOLOGIE :
JE SUIS WOLVERINE
Édition spéciale 50 ans

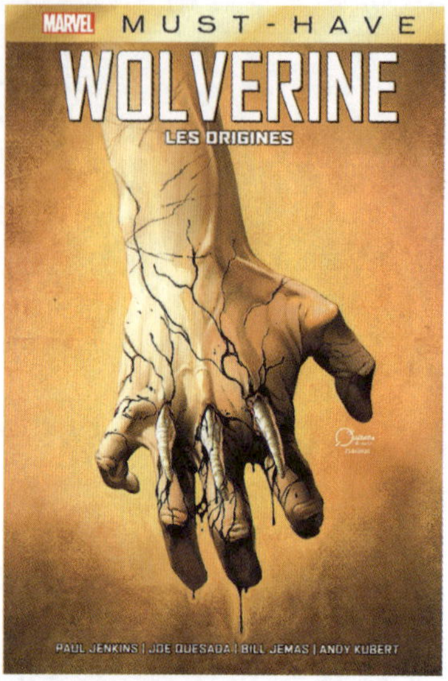

BEST OF MARVEL :
WOLVERINE
Les origines

BEST OF MARVEL :
WOLVERINE
L'Arme X

BEST OF MARVEL :
WOLVERINE

DANS LA MÊME COLLECTION

AMAZING SPIDER-MAN DE STRACZYNSKI 1 (sur 7)

ASTONISHING X-MEN 1 et 2 (sur 2)

AVENGERS VS X-MEN 1 et 2 (sur 2)

CIVIL WAR 1 à 3 (sur 6)

DAREDEVIL DE MILLER 1 (sur 3)

SPIDER-MAN : SPIDER-ISLAND

ULTIMATE SPIDER-MAN 1 à 6 (sur 11)

ULTIMATES 1 à 3 (sur 3)

YOUNG AVENGERS : IDENTITÉS SECRÈTES

Déjà disponibles

AMAZING SPIDER-MAN DE STRACZYNSKI 2 (sur 7)
CIVIL WAR 4 (sur 6)
DAREDEVIL DE MILLER 2 (sur 3)
ULTIMATE SPIDER-MAN 7 (sur 11)

Disponibles en mai

CIVIL WAR